貨幣という謎

金《きん》と日銀券とビットコイン

西部 忠 Nishibe Makoto

NHK出版新書
435

貨幣という謎——金《きん》と日銀券とビットコイン　目次

校閲　猪熊良子
DTP　NOAH

序章　貨幣という謎
——貨幣がわかれば経済がわかる

「経済」とは何か

「経済」とは、いったい何でしょうか。「経済」というと、一般にはお金に関することや、人々の生活に関係のある物質的な事柄を指していると考えられるでしょう。あるいは、一口に「経済」といっても、少し抽象的すぎて、何のことかわかりにくいと思うかもしれません。

新聞を開いてみれば、無担保コール翌日物レートの上昇とか、失業率の増加とか、景気動向指数の低下とか、マネーベースやマネーストックの増加とか、日経平均株価の値上がりとか、経済にまつわるさまざまな出来事が数字とともに報道されています。つまり、経済とは、まずはいろいろな経済指標やデータにより成り立っている世界です。GDP、価格、金利、為替相場、株価など――これらは、すべて「数」により客観的に表現されるのです。したがって、経済とは、なにかカッチリとできあがっている、堅く無味乾燥な世界であると考えられがちです。

しかしその一方で、経済は常に万華鏡のように変化する世界でもあって、決して留《とど》まることを知りません。景気が良くなったり悪くなったり、バブルが膨らんだり破裂したりと、経済は絶えず変動を続けています。また、ソ連や東欧の社会主義経済体制が崩壊したときのように、金利、物価、為替といった経済的数量だけでなく、経済を成り立たせている大きな枠組みや仕組みそのものが、古いものから新しいものへと移り変わることもあります。

経済は、目に見える数字の上での変化だけでなく、目には見えない経済の構造やシステムのダイナミックな変化をも伴っていて、必ずしも数字では表せない側面があると言えるでしょう。

経済とは何か。これを一言で言い表すことは容易ではありません。経済は日々私たちの生活を取り囲んでいるにもかかわらず、いざそれを言葉にして説明しようとするとうまく表現できないものです。

実際、経済に関してはいろいろな説明の仕方がありえます。巷《ちまた》にあふれる経済についての解説本や注釈本は、ほとんどが経済学の教科書の薄められた要約や断片的な知識の提供に終わっていることが多く、「経済とは何か」という問いにまともに答えてくれそうな本を見つけることは難しいでしょう。

経済学をとってみても、「経済とは何か」について、さまざまな見方があるにもかかわらず、特定の見方にのみ基づいて経済を解説しているものが多いです。その中で、経済学とは経済についてのある特定の見方を教えるものだと述べているものは、ほんのわずかです。

「市場」の多様なイメージ：隠喩としての市場

現代の経済は、「市場」という「制度」を通じて形づくられているということは誰でも知っています（ここで言う「制度」とは、ある社会の中で人々の多くが従っている、認識や行動のための共通のルールのことです）。だから、私たちが知っている経済とは市場経済のことだと言ってもいいかもしれません。では、「市場」について知ることができれば、経済を理解することができるのでしょうか。

しかし今度は、ここで言う「市場」とは何かについて、いざ説明しようとすると誰もがとまどってしまうのではないでしょうか。

試しに、いま「市場」と言ったとき、自分の頭の中にどのようなイメージが浮かびあがってきたかを考えてみてください。「四日市」や「八日市」といった地名にも残っているように、かつて日本の各所でひらかれた、一定の期日に一定の場所で、いろいろな商品を持った人々が集まり、売買が行われていた「イチ」をイメージしたでしょうか。あるいは、立会人がいて「競《せ》り」を行う株式市場や魚市場のような、取引所タイプの市場でしょうか。それとも、丸いテーブルを囲んで何人かが、受話器を耳に当てながら、叫び合ったり、紙を投げたりする外国為替市場の様子でしょうか。はたまた、電気信号が飛び交うことによって金融上の決済が行われるコンピュータ・システムでしょうか。

ひょっとすると、もっと日常的な風景、たとえば、八百屋や魚屋のように野菜や魚という特定の、しかしいろいろな種類の品物が並んでいる店先や、デパートのようにありとあらゆる商品がこぎれいに陳列され、買い手の心をくすぐる大規模な小売店舗でしょうか。もしかしたら、かつて経済学の初歩として習ったあの需要・供給曲線のダイアグラムだったかもしれません。

確かにこれらのどれもが「市場」です。このように、ちょっと考えてみただけでも、市場のイメージはさまざまで、経済学の教科書が教えてくれる画一的なモデルにはおさまりそうにありません。少なくとも、市場には、さまざまな目的や仕組みを持った何種類かのタイプがありそうだということはいえそうです。私たちがその中で生活を営んでいる市場経済にも、実に、さまざまなタイプの市場が存在しているのです。

まずは、多様な財・サービスが商品として売買される「場所」が市場であると考えておけばよいでしょう。もちろん「場所」といっても、「市場《いちば》」のような、どこかに存在する物理的な場所である必要はありません。インターネット上のオークション・サイトのような抽象的、比喩的な場所でもいいわけです。つまり、「市場」もある種の隠喩《いんゆ》であることが理解できるでしょう。

「経済」とは生き物である

「経済」は、カッチリした精巧な機械のようなものではなくて、もっとぼんやりとして移ろいやすい、どちらかというと人間的な世界です。それは、私たちの理解によっていろいろなとらえ方ができ、私たちのとらえ方次第で変わってしまうような世界です。さらに言えば、私たちの見方や考え方を変えることでそれを変えることができるような世界なのです。

経済とは、手でさわれる物でも、目に見える形でもありません。むしろ、人間の認識と行動を通して生じる、あるまとまりをもったシステムです。経済は、市場という制度によって私たちの生活が形づくられ、うまく調整されるようなシステムであり、それ自身の仕組みや営み、そしてリズムを持っていると考えてみてください。

それは、いわば経済を骨や肉、内臓や血により構成された肉体と脳を持ち、動き回るある種の生命として想像してみるということです。この奇妙な経済という生き物を理解するには、いろいろな側面やレベルから見ていかなくてはなりません。

いまから一〇〇年ほど前に、有名なイギリスの経済学者ケインズの先生であるマーシャルは、経済学者にとって重要なのは「経済動学」ではなくて「経済生物学」だと言っています。経済は機械じかけの精密な装置のように動き、変化するものではなくて、いろいろな器官が有機的につながり、成長したり、発展したりする生物のようなものとして考えることがより真実に近いということでしょう。

また、同じ頃、アメリカの経済学者ヴェブレンも、経済学は進化的科学だと考えていました。当時主流の（そしていまもそうですが）新古典派経済学は、経済を天体の運動を扱うニュートン力学や気体分子の運動を扱う熱力学と同じような理論で説明していました。しかし、そうした機械論的な発想では経済は理解できず、生物学の進化論のように、ある原因と結果が次の原因と結果を生み出すプロセスが次々と続くことによって一定の方向へ発展する累積過程として経済は進化すると考えるほうがよいということです。

もちろん、彼らの着想はなかなかすぐれたものでしたが、時代に先駆けすぎていたのか、それらが実際の経済学として生み出されることはありませんでした。しかし、ここ二、三十年ぐらいの間に、経済を進化システムとして理解しようとする進化経済学が欧米や日本で注目され、現在発展しつつあります。

貨幣がわかると経済がわかる

では、経済という生き物を理解するうえで、一番重要なものはなんでしょうか。

それは、私たちが空気や水のように日々必要なものとして使っているお金ではないか、と私は考えています。じつは、経済の成り立ちや仕組みをとらえるためには、お金、つまり貨幣について考えてみるのが一番の近道だと思うのです。

なぜお金が使われるのか。価格とはなんなのか。金利とは何を表しているのか。市場において貨幣はどのような働きをするのか。なぜそれ自体はなんの価値も持たない貨幣が人々の間を流通し、欲望の対象となっているのか。ひとたび貨幣について考えていくと、さまざまな疑問が浮かんできます。

そもそも貨幣とはいったいなんでしょうか。これは最も基本的な問いですが、じつはなかなかの難問であることに気づきます。

これに対して、まるで禅問答のように「貨幣とは、貨幣として使われるもの」とか「貨幣とは、貨幣として使われるから貨幣である」と言われることがあります。ですが、そこでは貨幣を定義するために「貨幣」という言葉を使っているので、ある種の堂々めぐりになってしまいます。

通常、何らかの言葉をまぎれなく定義するには、こうした堂々めぐりを避けるため、定義しようとする言葉を定義の中で使わないようにしなければなりません。ところが、貨幣の場合、貨幣以外の他のものによってそれを定義することがきわめて困難なのです。どうしてかというと、後で詳しく見るように、貨幣とは自分自身の中で堂々めぐりを繰り返すものだからです。

貨幣という謎：「もの」なのか「こと」なのか

貨幣は私たちが手で触れることができるような物質としての「もの」でしょうか。実はこれは定かではありません。

試しに、私たちが飲食物を買うのに使っているお金を考えてみましょう。コンビニでおにぎり、自動販売機で缶コーヒーを買うとき、金属製の百円玉を使うでしょう。これは、自動販売機に入れるとチャリンと音のする硬貨です。その音を聞くことができるだけでなく、それにさわることも、見ることもできます。裏に「100」という数字や「平成19年」といった製造年号が書かれています。硬貨はこのように私たちの五感でその存在を確認することができる「もの」です。これは紙幣でも同じです。

お金で何かを買うとき、私たちはそれを商品と交換に相手に渡します。ですから、その金属や紙からできた貨幣という「もの」は一度あなたの手元を離れて相手に渡ると、戻ってきません。

では、クレジットカードの場合はどうでしょうか。クレジットカードの表には持ち主の名前やＩＤ番号が打刻されていますが、「100」のようなお金の量を表す数字は書かれていません。それで洋服や電化製品を買うとき、それはカード読み取り機に入れられます。そして暗証番号を押したり書類にサインしたりすると、店員はプラスティックでできたカードという「もの」を返してくれます。なので、クレジットカードは硬貨や紙幣のように相手に手渡すような「もの」ではないことがわかります。

クレジットカードはプラスティックでできた物質ですが、金属硬貨や紙幣とはまったく違う意味を持ち、別の役割を果たすものなのです。クレジットカードは「プラスティックマネー」と言われるようにある種のお金ですが、お金そのものが目に見えているわけではありません。なぜなら、そのプラスティックのカードはお金そのものではないからです。硬貨や紙幣は現金（キャッシュ）ですが、クレジットカードはそうではありません。それはお金自身ではなく、お金を借りて支払うための手段であり、お金を借りるためにその所有者の個人情報を参照するための手段なのです。

クレジットカードを使うときには、その所有者の職業、所得、返済履歴などの信用情報にもとづいて決められる利用限度額が参照されます。店で買いたいものの購入額がその利用限度額内におさまっていれば、信販会社からお金が借りられ、それを買うことができます。つまり、クレジットカードによる購買は、現金を前提とする「信用通貨」を利用する仕組みであることがわかります。これは、貨幣が「もの」であるだけでなく「こと」であることを示しています。

JRや私鉄に乗るときに使う「Suica」のようなプリペイド・カードはソニーの非接触型ICカード技術「FeliCa」というシステムを使っています。これはプラスティックを素材とするクレジットカードに外見上似ていますが、大きな違いがあります。プリペイドカードには、カード内のICチップ上に貨幣の量を表す数字が電磁的に書き込まれています。そして、自動改札機のリーダライタと無線通信するたびに、カードの中に貯められた一定量の貨幣から所定の運賃が差し引かれます。もし貨幣残高が運賃に足りなければ、改札を通過することができないわけです。硬貨や紙幣のように、「もの」を相手に手渡して戻ってこないということはありませんが、電磁的に記録されている数字を電波によって鉄道会社に手渡していることになるのです。ここで電車による移動サービスと引き替えに相手に手渡している「もの」は、プラスティックのプリペイド・カード本体ではなく、カードの中にある数字情報だということになるでしょう。そのようなプリペイド・カード上の数字はしばしば「バリュー（価値）」と呼ばれます。あえていえば、この「バリュー」を表す電子シグナルが硬貨や紙幣のような「もの」だということになります。

私が住む札幌市の地下鉄用プリペイド・カードはもっと薄いPETカードを採用してい

ます。この場合、素材はポリエステルで、技術も「FeliCa」のような電子マネーとは違いますが、「バリュー」の受け渡しの基本原理はあまり変わりません。ただし、カード裏面に印字で残りの「バリュー」が記載されるので、残高を目で見ることができるという違いがあります。

硬貨や紙幣のような現金では数字を書いた丸い金属や四角い紙という素材が受け渡しの対象であるのに対し、プリペイド・カードではメモリ上のデータ信号である「バリュー」が受け渡しの対象です。こうなると、貨幣はもはや私たちの五感で感じることができる「もの」ではありません。私たちが見れるのは、データ信号そのものではなく、それをコンピュータとリーダライタというハードウェア、OSやアプリケーションというソフトウェアを利用してディスプレイ上に表示した数字にすぎないのです。

だからといって、貨幣はたんなる夢や幻ではありません。実際に、私たちは、毎日それによって市場でさまざまな商品を買っているのですから、それは実際に存在しているのです。

このように、さまざまなお金について考えていくと、お金は単に「もの」としてだけでなく「こと」としても存在していることがわかります。そして、貨幣と同じく経済もまた、「もの」だけでなく「こと」としても存在しています。私たちは普段の生活でそんなことはめったに考えませんが、これは実はとても不思議で驚くべきことなのです。

経済を理解するためには、必ずしも経済の専門家が語る具体的な経済現象についてのメカニズムの解説を読んだり、モデルや数式により市場メカニズムを説明する経済学の参考書を読んだりする必要はありません。それどころかそうした解説や説明のせいで貨幣や市場の不思議さを忘れてしまうので、それらはかえって有害とすら言えるかもしれません。むしろ、私たちにとって最も身近な存在である貨幣という謎について知ることが、市場あるいはバブルや景気循環などを理解するうえで、たいへん役立ちます。私たちが毎日つきあっていかなければならないお金の生態をいくらかでも理解することが、ひいては経済の生態を理解することにもつながるのです。

本書は、貨幣という謎に迫りながら、誰もがその実態をつかみづらくなってしまった、やっかいな現代経済について考えていくものです。貨幣論というと、抽象的でむずかしいとの印象を持たれる方も多いと思いますが、歴史的なエピソードやたとえ話なども盛り込みましたので、楽しみながら読み進めてください。

第一章　お金は「もの」なのか「こと」なのか

――貨幣と市場を再考する

1　お金とマネー

「お金さえあれば好きなものを買うことができるし、自分のしたいことができる。いますぐ何に使うか迷ってしまうなら、将来のために貯めておくこともできる。お金とは本当にすばらしい魅力を持ったもの。だからこそ、棚からボタモチのようにそう簡単に手に入るものではなく、汗水流して稼がなくてはならないものなのだ」

こんなふうに私たちは、子供の頃よりお金の大切さ、尊さを教えられてきました。

ところがまた、お金とは恐ろしいもので、人間のすべての争いの種であることも、私たちは経験上よく知っています。人はお金のために盗んだり、いがみ合ったり、妬《ねた》んだり人を殺したりすることすらできるのです。

お金とはなんなのか、そしてこのお金の魅力と魔力はどこから来るのか。この大問題に古来多くの哲学者や経済学者が取り組んできましたが、最終的な結論はまだ出ていないように見えます。まずは、お金の周辺を気軽に散歩してみることにしましょう。

お金のお話

日本語は不思議な言葉で、なんにでも「お」あるいは「御」をつけます。お茶、お酒、お菓子、お水、お宅などなど。「お」は、尊敬すべき人に関係する、限られた事物に付ける接頭語「大《オホ》」が平安時代に簡約されたものだということです。そこから意味が広がって、広く事物に冠して聞き手に対する丁寧な気持ちを表すようになりました。先ほど挙げたお茶、お菓子などはこの例です。そして、お金も丁寧な気持ちを表す言い方なのでしょう。日本語では、丁寧と婉曲は紙一重で、包むようにはっきり言わないのが丁寧ということでもあります。「お金」は、親しみやすく柔らかい言い方です。これに対して、「貨幣」とはなんだか厳《いか》めしく、経済学用語のような冷たい雰囲気を持っています。英語では日常でもアカデミズムでも「マネー」一つで通るので便利です。

最近では、日本でも「マネー」という外来語がすっかり定着したようです。それはおそらく、外来語には「お」を付けなくてよいという日本語の不思議なルールが便利だからでしょう。マネーはマネーであり、誰も「おマネー」などとは言わないからです。このことは、現代日本人の貨幣感覚が変化したことを表すのかもしれません。「お金」に込められていた「本当は欲しいのだけどはっきり欲しいとは言えない」とか、「本当は尊いのだけどそれを露骨に求めてはいけない」といった幾分屈折した婉曲的な気持ちは忘れ去られてしまったのでしょうか。いまや誰もがそこそこ裕福で中流意識を持っているからこそ、「お金」よりもっと中立的で率直な、しかし本来日本語ではない言葉「マネー」が必要とされるのではないでしょうか。

「お金」がどうして私たちに幾分屈折した気持ちを起こさせるのでしょうか。その謎と神秘についてもう少し考えてみようと思います。

お金の素材はなんでもよい

お金の「お」をとれば、金《かね》になります。金《かね》とは、金《きん》、銀、銅、鉄といった金属の総称であり、また金銭、貨幣を意味します。ヨーロッパにおける価値物としての金《きん》は、ローマ帝国で崇拝され、ラテン文明からゲルマン社会へと引き継がれていったヨーロッパ文明の特徴の一つでした。スペイン、ポルトガルはアメリカやアジアから大量の金《きん》をほとんど略奪というかたちでヨーロッパ大陸に持ち帰りました。それがヨーロッパで資本主義が発生できた原因だという考え方もあるくらいです。

近世の上方《かみがた》では貨幣に銀を用いたので、「銀」という字を「かね」と読んでいました。そのころ日本は金銀両本位制でしたが、ヨーロッパに比べて銀が相対的に高く評価されていたため、オランダやポルトガルなどが銀によって金《きん》を買いあさり、日本から金が大量に流出してしまったのです。このように、お金と言えばまず金や銀を思い出します。

お金が金や銀という貴金属に代表される理由として、いつも挙げられるのは次のようなことです。まず、その耐久性。錆びたり腐食したりせず、半永久的に存在しうる物質であること。展性や粘性という性質のおかげで、無限に分割したり、引き延ばしたりすることができ、鋳造《ちゅうぞう》するのにも便利であること。比較的少量で大きな価値を有しているので、持ち運びにも便利であることなどです。もちろん、金や銀はどちらかというと柔らかい金属ですから、金貨や銀貨も流通している間に少しずつ削られたり、自然に磨滅したりする欠点もあります。その点、紙幣は燃えたり、水に弱いということがありますが、軽くて持ち運びに便利で、削られたりすることはありません。金貨をいくつか一緒に袋に入れ、ジャラジャラと音を出して混ぜると、金貨同士がぶつかって相手の角から金をほんの少し削り取ります。この削り取りが貨幣における金の含有量を減少させる原因だったのです。こうした面では、紙幣の方が金銀より優れているとも言えます。金銀にお金としていろいろな優れた素質があるからといって、お金はなにも燦然《さんぜん》と輝く黄金や鈍く光る銀でなければならないわけではないのです。

人類の歴史において、羽、たばこ、貝殻、布、ラム酒、奴隷、麦や米、紙切れなど、およそあらゆるものが貨幣として利用されてきました。原始経済には、もっと変わったお金も存在していました。たとえば、フィジー島の鯨の歯、ニューギニアの装飾用の胸あて、ニューブリテン島の犬の歯など。また、アフリカのダホメ王国では、子安貝や鉄棒が貨幣でした。およそどんなものでも貨幣になる資格はあると言っていいでしょう。

お金の宗教的・心理的な機能

お金にはさまざまな心理的、宗教的な機能があるとも言われてきました。ある新興宗教では、喜捨《きしゃ》により悪魔による穢《けが》れを祓《はら》うことができると教えていました。一人一〇〇〇万円ともいわれる献金は現代における宗教的支払い手段の一種です。お金には、社会的責務を返済するという「祓い」の役割があるわけです。

精神科医である芝伸太郎が書いた『うつを生きる』（ちくま新書、二〇〇二）によると、日本人の多くが「律儀、几帳面、清潔、真面目、仕事熱心」などメランコリー親和型うつ病の素因を持っている「うつを生きる」人々です。これは日本の「風土病」とも言えますが、ではなぜそれがこんなに広がっているのかが問題です。

芝氏によれば、その原因は、「贈与」と「交換」の比率に関する日本社会の特徴にあるのです。日本は、「贈与」の側面より「交換」の側面が圧倒的に大きな共同体です。芝氏の言う「贈与」とは見返りをまったく求めず「もの」を与え続ける行為であるのに対し、「交換」とは過去の贈与や恩恵に対して「金《かね》」を返礼することです。ここでの「もの」とは異質で固有性を持ち、互いに通約できないため、交換も贖罪もできませんが、「金」は同質的で量的に比較できるため、返礼も贖罪も可能です。芝氏は、日本社会では「もの」による「贈与」より「金」による「交換」の比率が大きいため、その中で人は絶えず世間に対する「義理」を強く感じていると言います。

「義理」とは、借金による負い目のような感覚だと言っていいでしょう。最近減ってきたようですが、バレンタイン・デーの義理チョコがいまなお強く存在し続けている日本では、世間への負債感情たる「義理」を感じることが多い結果、メランコリー親和型うつ病の患者が増えるというわけです。この風土病の広がりの中では、お金がもたらす負債感情を宗教上の穢れであると解釈する宗教が現れれば、お祓いのために喜捨することを厭《いと》わない人がたくさんいるということなのでしょう。

芝氏のいう「交換」は、貨幣による商品売買である「市場」だけでなく、共同体（コミュニティ）の中における贈与と返礼からなる「互酬《ごしゅう》」、わかりやすく言えば、「助け合い」や「相互扶助」あるいは「結《ゆい》」を含んでいます。

本書では、「交換」は、物々交換や市場における商品売買である貨幣交換に限定して使っているので、意味の違いがあることに注意が必要です。貸し借りを伴う「互酬」では、お祝いのような贈与をもらっても半返しのお返しをして「義理」を果たすまでは、負債感情は残ったままです。これに対して、貨幣による商品売買では、交換される貨幣と商品は等価なものですから、市場における売り手と買い手の関係は同時的、瞬間的であり、両者間に貸し借りは残りません。こうして、商品売買で両者の関係は完結するので、またバラバラな個人に戻ることになります。市場における人間関係は一回完結型の後腐れのない「キャッシュネクサス（お金によるつながり）」となるのです。

「互酬」の世界では世間における自らの「穢れ」を祓うための贖罪が意味を持ちますが、

「市場」の世界では世間への贖罪を感じることはなく、むしろ腐りきった恋愛や夫婦の人間関係を交換関係として断ち切るための手切れ金や解決金が必要となるのです。現代は、「市場」の世界の拡大によって「互酬」の世界が相対的に縮小している時代である、と言えるかもしれません。

私は、現代のグローバリゼーションを、貨幣売買のネットワークである「市場」が量的（領域的）に拡大するだけではなく、資本主義が質的に進化することを含むととらえています。資本主義が質的に進化するとはどういうことかというと、これまで多くの個人は労働者や勤労者として工場や企業で働いて賃金を受け取り、それで必要物資や奢侈《しゃし》財を購入する消費者でした。しかしグローバリゼーションの下では、意識しようとしまいと、誰もが金儲けに積極的に携わる利殖家や投資家になることを強いられる傾向にあるということです。

この二〇〜三〇年間、グローバリゼーションは日本を覆い尽くしてきましたし、TPP（環太平洋パートナーシップ）が締結されれば、ますますそういう傾向は強まると考えられます。そうなると、「互酬」と「義理」の共同体である日本に固有な風土病であるメランコリー親和型うつ病は若い人を中心に減少するのではないかと予想します。それは義理チョコが減っていく傾向に対応しているわけです。はたして、実際にはどうなるでしょうか——。

2 貨幣なければ市場なし：お金を軽視してきた経済学

貨幣がなければ市場も商品も存在しない

ここまでお金の謎と神秘について触れてきましたが、次に「市場」について詳しく見ていきましょう。あらかじめ結論を先取りしておくと、私はこれまでの経済学では貨幣の存在が軽視されてきており、そのことによって私たちには誤った市場イメージが広まっていると考えています。

さて、いま私たちが暮らしている経済は市場経済です。市場とは貨幣によってものが売ったり買ったりされる場所であり、市場経済とは市場によって成り立っている経済です。私たちはお金がなければ市場で必要なものが買えず、必要なものが買えなければ、暮らしていけません。このことは否定しようのない事実です。そのような経済が市場経済であることは間違いありません。しかし、市場経済という言葉の意味はあまりにも広すぎるので、この経済の特徴を十分うまく表すことができません。では、どう言えばいいのでしょうか。

私たちが生きている経済は資本主義市場経済であり、それは市場経済の特殊なタイプだと考えましょう。「資本主義」は「市場経済」を形容する言葉です。資本主義については、ここでは簡単に次のように説明しておきます。

資本主義とは、何かを買うために貨幣を使い、それを売ることから利益を得ようとする「投資」という行為が社会全般で広く認められ、あらゆる市場で投資が行われる経済のあり方です。ですから、資本主義市場経済とは、お金儲けのために、お金やお金で買える物を利用するような市場経済です。利殖を目的として、貨幣や商品そして市場を利用することがルールとして許されている市場経済だと言ってもいいでしょう。

いま「お金で買える物」と言いましたが、それが「商品」なのです。実際には「お金で買える物」の範囲は時代や地域ごとに違います。つまり「商品化」についてのルールが異なるのです。たとえば、現代の日本では奴隷や麻薬を売買することにより金儲けをすることは倫理的に許容されないばかりか、法律にも違反します。どこかで秘密裏にお金で買えるのだとしたら、それは合法的な市場ではなく、いわゆるブラックマーケットです。

しかし、現在最も資本主義市場経済が発達し、自由主義と民主主義に基づく政治が行われていると考えられているアメリカでは、建国前の一六四〇年代から一八六五年までの約二〇〇年間、つまり、ほんの一五〇年ほど前まで人間が奴隷として売買されていました。古代ギリシアやローマ時代には戦争の捕虜などの奴隷が存在しましたが、中世ヨーロッパの農奴は土地に縛り付けられていたとはいえ、結婚して家族を持つことも許されていたので、人格を認められない奴隷ではありませんでした。コロンブスの新大陸発見後、イギリス、フランス、オランダなどの奴隷商人がアフリカの黒人を南北アメリカ大陸に貿易商品として大量に供給しました。アメリカ南部の大規模な綿花プランテーション農業は奴隷労働の搾取から利益を得ていました。このため、リンカーン大統領が奴隷解放宣言で唱えた奴隷制廃止の法制化である「合衆国憲法修正第一三条」(一八六五)が成立する一九世紀の半ばまで奴隷の商品売買が合法化されていたのです。南北戦争における南部の敗北により奴隷制廃止は初めて実現されました。

また、アメリカでは現在、マリファナが一七の州で医療用、二つの州(ワシントン州とコロラド州)で嗜好品としてその売買や利用が合法化されています。

さて本題に戻りましょう。ここまでの説明から、市場経済において貨幣がきわめて重要な役割を果たすものだということがわかるでしょう。しかし、それだけではありません。ここで言いたいのは、「貨幣がなければ市場もない」ということです。これは一見すると当たり前の認識のように聞こえるかもしれませんが、経済学ではいまも広く認められていない考え方なのです。ここでは、どうしてそうなるかを考えます。

現代経済学が解く架空の市場：集中的市場とは何か

現代経済学の主流は新古典派経済学です。それは、大学の講義や公務員試験の科目などでミクロ理論と言われているものです。今ではそれを「新古典派」という名前を付けて呼ぶこともめったになくなりました。自らを「～派」というと、自分の流派が多様な流派の中の一つであるのを認めることになります。その場合、自分だけが正しい理論であるとは限りません。ところが、そういう表現を省略してしまったのは、自分の理論が唯一正しいと思いながらも、そのことに無自覚だからでしょう。

それはさておき、ミクロ理論の中で市場の最も一般的な分析は「一般均衡理論」と呼ばれます。一般均衡理論では、あらかじめ市場における貨幣の存在は考えないことにして、物と物の交換という話からスタートします。ここで、物とは何らかの物質的財だけでなく、サービス、情報、権利などさまざまな事柄を含むと考えてください。そこでは物々交換を行う場が「市場」だとされます。そして、ある物の価格は他の任意の物の数量で表現されます。かりにリンゴ二個とミカン四個が物々交換されるとすると、リンゴ一個の価格はミカン二個、ミカン一個の価格はリンゴ二分の一個だというようにです。リンゴ農家はその価格が上がれば多く売りたいと思い、消費者はその価格が下がれば多く買って食べたいと思うとすると、リンゴ農家とリンゴ消費者がちょうど同じ量のリンゴを売ったり買ったりしたくなるような価格があるはずです。つまり、リンゴの需要と供給が一致したところで価格が決まると考えます。

こうした調整をあらゆる物について一斉に行えると仮定するのが「一般均衡理論」です。すべての物についてちょうど需要と供給が一致するような価格と数量の組み合わせがあるとすれば、それが「一般均衡」です。一般均衡が存在するためには、価格の変化に応じて需要や供給が変化する関数がある特定の性質を持っていないといけません。また、そこでの競争も完全競争条件を満たさないといけません。そうした条件がすべて満たされたとすると、競争によって市場が均衡するとされ、すべての物の価格と需要・供給量が決まります。

一般均衡理論では、財は二つに区分されます。空気や水のように、私たちの利用量に比べれば、ありあまるほど豊富に存在していて、誰でも自由に享受できる財は「自由財」と呼ばれます。その価格はゼロ、つまりただです。価格がゼロになっても、供給が需要を上回っており、希少ではないからです。価格がゼロでは供給量が需要量を下回り、ある一定のプラスの価格で需要と供給が一致する財を「経済財」といいます。そうした財は人々の欲望に対してありあまるほど存在しておらず、希少だからです。

この経済財にはお金による対価が支払われるので、「経済財」とは「商品」のことであるとする解説をよく見かけることがあります。しかし、物が希少であるからといって、すべてのそうした物が貨幣で購える商品になるわけではありません。「希少性のある経済財」と「貨幣で買える物としての商品」は同じではないのです。

先ほどの奴隷や麻薬の例を考えてみれば、ある物が貨幣で買えるかどうか、つまり商品であるかどうかは、希少性だけで決まらないことは明らかです。ある物を貨幣で自由に売買できる商品と考えるかどうかは、国や地域、時代の文化、慣習、常識、倫理、法律など社会的なルールによって決まっているからです。

最近話題になっている捕鯨問題もこの問題に関連しています。鯨肉を商品とする商業捕鯨の是非は、クジラの生息数の多寡、すなわち、希少性だけでは決まりません。一方には、クジラという動物に対する愛着や親近感があり、他方には、伝統的な捕鯨とクジラを食べる文化や習慣があります。どちらも国や地域、文化や伝統により異なるものであるのに、そうした時代性や地域性を無視して、グローバル・ルールを決めようとするところに無理があるのではないでしょうか。

一般均衡理論は、貨幣によって物を売買する市場経済を、貨幣のない物々交換経済と同じとみなすことによって成立するものです。つまり、貨幣という存在を忘却することで、現在の市場経済の理論モデルは作られていると言えるのです。

なぜこういうことが可能なのでしょうか。それは、一般均衡理論がすべての物の需要と供給のギャップをすべてなくすように価格を完全に調整しておいてから、一度に「エイヤー」とすべての売買取引を行うようなタイプの市場を考えているからです。いわば、すべての参加者が一堂に会して、全取引を一度に行うような一極集中的市場です。ここではこれを「集中的市場」と呼ぶことにします。このような理想的な集中的市場を考えると、貨幣はなくとも価格（ある物を基準とする相対価格体系）さえあれば、それがすべてをうまく調整してくれるという理論を作ることができます。そこでは、それぞれの物にただ一つの価格が付く「一物一価」が成立し、すべての取引が同時かつ瞬間的に行えるという仮定が必要とされます。しかし、それはあたかも時間がない世界を描いているとも言えます。こうした市場モデルはあまりにも現実からかけ離れているのです。なによりも一番の問題は「貨幣なくとも市場あり」を前提としていることです。

本書は、これとまったく逆の見方をします。それは「貨幣なければ市場なし」です。そして、貨幣によって存在するような現実の市場を「分散的市場」ということにします。なぜそう呼ぶかは後で説明します。

これは、現実の市場には貨幣が常に存在する、という事実問題としてだけ言っているのではありません。経済学の理論とは、現実に起きている現象から重要な性質や側面を取り出して、それらを再構成して市場のあり方や仕組みを体系的に説明することですが、そのような試みにおいてさえ、そう考えるべきなのです。というのも、貨幣があるということは市場が存在するための絶対的な必要条件だと考えられるからです。それは、いわば私たち人間がお互いにコミュニケーションを行い、文化や文明を発達させるには言語が不可欠だということに似ています。言語なき文化がないように、貨幣なき市場も存在しないということ、本書ではこのことを繰り返し強調します。この必要条件を欠く市場についての理論は、現実の重要な側面を見落とした架空のおとぎ話の世界を描いていることになりかねないからです。

ヒックスによる市場の分類：伸縮価格市場と固定価格市場

一般均衡理論に対する重要な貢献者の一人であるロンドン・スクール・オブ・エコノミクス（LSE）のジョン・ヒックスは、自らその理論に疑問を持ち、『経済史の理論』（一九六九）という本を出版しました。なぜ経済理論家が最後に経済史の本を書いたのか不思議です。ヒックスは自分の若い時の理論の仕事に問題があると考え、それに対する反省から、現実に存在しない理論上の構築物ではなく、実際の市場の勃興・発展について考察したかったようです。

ヒックスは、市場には大きく分けて二種類あると考えました。すなわち、（a）需要と供給により価格が決定される「伸縮価格市場（flexprice market）」と、（b）生産者あるいは公共当局自身が価格を設定する「固定価格市場（fixprice market）」です。そのうえで、さらに（a）伸縮価格市場には、（1）「組織化された市場（競り市場）」と（2）「組織化されない市場（商人媒介市場）」の二種類が存在します。

「組織化された市場」とは、需要と供給の均衡により価格が決まり、競り人（オークショニア）が価格を動かす市場のことです。これは、一般均衡理論が前提とする「集中的市場」に相当します。他方、「組織化されない市場」とは、商人が個別に価格を設定するが、需要と供給の影響を受ける市場であり、歴史の大部分を通じて支配的かつ現実的な市場です。

しかも、ヒックスは、その後の『経済の思考法』（一九七六）という本で、二〇世紀では「組織化された市場は、いくつかの分野に存在し続けているが、古いタイプの組織化されない伸縮価格市場は姿を消し」、経済体制の如何にかかわらず「固定価格市場」が発展したのであり、「現代の市場が大部分、固定価格型の市場であることは、ほとんど証明する必要がない」と述べているのです。

このように、ヒックスは一般均衡理論で分析したタイプの市場が現代では特に支配的でも現実的でもないことを明確に認めました。ヒックスの卓見であるとともに、自己批判でもあります。

ヒックスは、現実の経済を観察するうちに自らの一般均衡理論に対してきわめて懐疑的になったからこそ、『経済史の理論』を書くことになったのでしょう。にもかかわらず、現代の経済学者はいまも一般均衡理論の生みの親がしたような反省や自己批判をすることもなく、ミクロ理論のテキストブックにある一般均衡理論を正しいこととして学生たちに日々教えているのです。やはり本物はそう簡単には複製できないもののようです。

なお本書で言う「分散的市場」とは、ヒックスの「組織化されない市場（商人媒介市場）」と「固定価格市場（fixprice market）」を合わせたものだと考えてもいいでしょう。ただし、価格が伸縮的か固定的かは財の種類によって決まることが多く、必ずしも市場の仕組みを表すものではありません。このため本書では、市場の仕組みが集中的か分散的かという分類を使っているのです。

3　分散的市場の実態：株式市場と電子バザール

リアルな市場：分散的市場とは何か

では、「貨幣なければ市場なし」という視点から、市場はどうとらえられるのか、考えてみましょう。現代経済学における市場のとらえ方は「集中的市場」と言いうる代物でしたが、それは架空の物語だという話をしました。では、それに対してリアルな市場はどうとらえられるでしょうか。それは「分散的市場」であると述べました。ここでは、分散的市場がどういうものかをお話しします。

市場とは、貨幣により物を売ったり買ったりする、比喩的な意味における「場所」です。それは魚や青果の卸売市場、証券取引所、外国為替市場のようなものだけではありません。ショッピングモールやディスカウントショップの店頭、各種の自動販売機や券売機、公共料金の口座振替、テレビやカタログによる通信販売、ネット上のオンライン・ショップやオークション・サイト、企業への就職なども市場です。普段はそうと気づかないことも多いのですが、市場は私たちの身の回りのいたるところに存在しています。

また、ほんの二十年前には存在しなかったような市場があります。難しく言うと、電子商取引市場、わかりやすく言うとネット通販、ネットショッピングのための市場です。有名な企業や検索ポータルサイトが経営する「楽天市場」や「アマゾン・ドット・コム」や「Ｙａｈｏｏ！ショッピング」は巨大なオンラインモールや大規模電子小売店舗といった様相を呈しています。国内最大の売上高を誇るのは米国の「アマゾン・ドット・コム」で、二〇一二年の売り上げは七八億ドル（直近の為替レートで七三〇〇億円）、次いで「楽天市場」で売り上げは四四三〇億円です。楽天の同期の会員数は八二〇〇万人だと言います。日本の人口が約一億二七〇〇万人ですから、日本人の三人に二人が楽天会員であることになります。もちろん、日本人だけでなく外国人も、また個人だけでなく商店・企業も数に含まれているでしょうし、複数のアカウントを持つ会員もいるでしょうから、割り引いて考えなければなりませんが、それにしてもすごい数字です。

ここでひとつだけ言っておきたいことは、これらのネット上の巨大電子市場はいずれも一つのサイトの中で無数の商品の取引が行われていますが、すべての取引が一斉に行われるような「集中的市場」ではなく、個別取引の集積である「分散的市場」であるということです。こうした巨大モールだけでなく、ネット通販や個人商店も数多くありますが、それらも基本的には同じです。

市場の基本は「相対取引」

株式、債券、為替、先物、オプションなど金融商品市場は、一般均衡理論が説く「集中的市場」が当てはまる典型にちがいないと多くの人が考えているかもしれません。ところが、これも実際はそうではありません。それは一般均衡理論で見られる、「エイヤー」とすべての財の価格を一度に決める「集中的市場」よりもむしろ、売り手と買い手が個別で取引を行う「分散的市場」に近いものです。株式市場の値決めにはオークションのような競争の要素が含まれていますが、売り手と買い手がお互いに提示した価格と数量が一致したところで取引が次々に成立していく逐次的な「相対取引」が原則です。

また不動産市場でも、個々の土地・建物について、その所有者本人ないし代理人である売り手と買い手の個別交渉で価格が決まります。しかし、自動車や電化製品などの工業製品は生産コストから原価計算を行い、それに一定率のマージンを加えた定価を設定します。なお、新築マンションは、施工会社が原価にマージンを乗せた販売価格を設定して販売するので、工業製品の価格設定に似ています。

このように、現実の市場のほとんどは一対一の「相対取引」が基本であり、また詳しくは後述しますが、価格の決まり方も一般均衡理論が想定するような需要と供給が一致したところで決まるというものではないのです。

ところが、先に説明した「集中的市場」にいくらか似ている市場があります。「Yahoo! オークション」(ヤフオク!)のようなオークション(競売)市場です。ある最低限の価格から制限時間内に参加者が価格を競《せ》り上げていき、最高価格で入札した人が落札するという仕組みです。売り手はできるだけ高く売りたいですし、買い手はできるだけ安く買いたいわけですが、買い手が競争するので競り値は高くなっていきます。

オークション市場の特徴は、多数の買い手が一堂に会して各アイテムの品質を見極め、適切だと思われる価格を競争で一つ決める点にあります。ただし、オークションが「集中的市場」に似ていると言っても、価格が競争で決まるという点だけであり、価格はアイテム一つ一つに別々についていきます。ですから、これとて、すべての商品の価格を需要と供給が一致するように、価格を一斉に決めるという荒唐無稽な話でありません。

オークションには、いくつかの種類があります。各アイテムが固有な、歴史的、美術的価値や保存状態を持つ美術品や骨董品を扱うオークションがあります。有名なのは世界の富裕層を相手とするオークション会社であるクリスティーズやサザビーズです。また、産地、大きさ、色や味など品質に違いのある青果、水産、食肉、生花について、市場での競売が行われています。たとえば、東京には生鮮食料品を扱う東京都中央卸売市場が一一ありますが、その中でも築地の魚市場は日本橋にかつてあった魚市場が昭和一〇年（一九三五）に移転したもので、その規模も世界最大級であり、マグロ卸売市場の競り見学ツアーは外国人にも大変な人気です。日本各地の魚市場では、仲買人が使う「手やり」ないし

「符丁」と呼ばれる指の合図が有名です。仲買人はそれによって競り人に素早く希望の金額を伝えます。最も高値だった場合のみ魚を競り落とすことができます。

「価格」はどうやって決まるのか

さて、ここまで、一般均衡理論が想定する「集中的市場」と現実に存在する「分散的市場」の違いについて述べてきました。ここでもう少し「市場」の実際のイメージを具体的につかんでもらうために、二つの市場を取り上げて、説明しましょう。ひとつは株式市場、もうひとつは電子市場です。

市場とは、まずは人々が物を売買するための「場所」です。しかしそれは、必ずしも物理的な場所である必要はありません。先ほども言いましたが、市場は電子的仮想空間やソーシャルネットワークのような比喩的な意味での「場所」にも存在します。インターネット上でも、通信販売でも、ホームパーティー形式で知人や友人を集めて商品の説明・販売をおこなう無店舗販売でも、ある種の市場を形成していると言っていいでしょう。また売り手や買い手が、生身の肉体をもって「市場」に登場してこなくともかまいません。今日、株式市場やデリバティブ市場などの金融市場では、自動売買プログラムである「ロボット」が売り手や買い手として多数参加し、人間ではとてもできないような高速売買を行っています。ですから、より抽象的に言えば、市場とは、「売り情報」または「買い情報」により成り立っている情報空間であると言えるでしょう。

そうした情報は、どんな物をいくらで売りたいのか、あるいは買いたいのか、ということのみを人々に伝達します。そして、その情報を受け取る主体がそれを利用することができます。買いたいと思っている者は、売り情報を探し、その中に自分が買いたい物があるか、また、その商品が自分が支払ってもよいと思う価格で提示されているかどうかをチェックします。すべての条件がそろえば、その売り手にこちらの買いたいという意向を伝えます。売り手と買い手が合意すれば売買が成立する。こうした個々の売買が市場における取引の全体を構成するのです。

売り手間、買い手間には、通常なんらかの競争があります。売り手側は、多くの買い手を引き付けるために、できるだけ安くよい品質の商品を提供しようと努力します。一方、買い手側も、速やかに自分が望む商品の売り手を見つけるために、できるだけ高い価格を提示しようとします。そして、売り手はできるだけ高く買ってくれる買い手に売ろうとするし、買い手はできるだけ安く売ってくれる売り手から買おうとするのです。売り手と買い手の双方が競争することで、それぞれの物にはある時点において相場が成立するはずです。

では、売り情報と買い情報で成り立つ情報空間である市場において、「相場」とは、いったいどのように決まるのでしょうか。ここで株式市場の相場の決まり方を見てみましょう。

株式市場における相場の決まり方：板寄せとザラバ

「相場」とは、日々の取引価格のことを言います。相場がどのようにして決まるのか。株式市場を例に説明します。

株が売買されるのが、「証券取引所」と呼ばれる株式市場です。証券取引所では、まず一日の商いのはじめに「板寄せ」と呼ばれる方法で寄付き《よりつ》き（その日の最初の売買）の相場の始値《はじめね》が決められます。「板《いた》」とは、ある株をいくらで何人の人が売りたがっているか、あるいは買いたがっているかを記載した表のことです。これはいわゆる供給と需要を表示するものです。

たとえば、「四菱」という株の寄付きは次のようになります。市場が開かれる前に、証

表1

売り注文（株）	株価（円）	買い注文（株）
5000	140	1000
4000	130	3000
4000	120	3000
2000	110	4000
1000	100	4000
4000	成行	3000

売買成立
120円10000株

表2

売り注文（株）	株価（円）	買い注文（株）
5000	140	
4000	130	
1000	120	
	110	4000
	100	4000
	成行	

120円ヤリ
110円カイ

券会社には顧客から「四菱を一〇〇〇株八〇円で買い」というような銘柄、株数、株価を指定した売りまたは買いの注文が入ります（このように価格を指定するのが「指値《さしね》注文」です。一方、株価を指定しないで所定の数量をすぐに売り買いしたい場合の注文は「成行《なりゆき》注文」です）。市場開始時に、四菱に関する売り注文と買い注文を立合人が集計して、売り注文から安い方と買い注文の高い方を順次付き合わせて、売り買いの注文数量がちょうど一致する相場を決めます。成行注文は、売り買いとも指値注文に優先されます。たとえば、売買単位が一〇〇〇株であり、売り注文の寄付き時点の注文状況をあらわす板が**表1**のようであるとします。

表1を見ると、売り注文は成行が四〇〇〇株、指値の低い方から一〇〇円で一〇〇〇株、一一〇円で二〇〇〇株、一二〇円で四〇〇〇株……、買い注文は成行が三〇〇〇株、指値の高い方から一四〇円で一〇〇〇株、一三〇円で三〇〇〇株、一二〇

表3

売り注文（株）	株価（円）	買い注文（株）
5000	140	1000
4000	130	3000
4000	120	4000
2000	110	4000
1000	100	4000
4000	成行	3000

売買成立
120円11000株

表4

売り注文（株）	株価（円）	買い注文（株）	
5000	140		
4000	130		130円ヤリ
	120		
	110	4000	110円カイ
	100	4000	
	成行		

円で三〇〇〇株……となっているので、寄付きの始値は価格の低い方から集計した売り注文の株数と価格の高い方から集計した買い注文の株数が一致する価格、すなわち一二〇円になり、合計一〇〇〇〇株が売買されることになります。このとき、一〇〇円の売り注文や一四〇円の買い注文のように、より不利な注文を出した者も一二〇円で売買できるわけです。一二〇円で四〇〇〇株の売り注文のうち、どの三〇〇〇株を約定するかは、通常、時間優先ルールにより決まります。つまり、早く出された注文から順番に約定するのです。この結果、一二〇円一〇〇〇株の売り注文は残りますから、次の買い手が現れるまで待たなければなりません。板は**表2**のように、一一〇円カイ一二〇円ヤリになります。これは「一一〇円で買い注文（需要）、一二〇円で売り注文（供給）がありますよ」ということを意味しています。こうした価格は実際の取引価格ではないので気配《けはい》値《ね》と言われます。

表5

売り注文（株）	株価（円）	買い注文（株）
5000	140	
4000	130	2000
	120	1000
	110	4000
	100	4000
	成行	

売買成立
130円2000株

表6

売り注文（株）	株価（円）	買い注文（株）
5000	140	
2000	130	
	120	1000
	110	4000
	100	4000
	成行	

130円ヤリ
120円カイ

しかし、たとえば**表3**のように、もし寄付き時に一二〇円の買い注文が三〇〇〇株でなく四〇〇〇株であったとすると、一二〇円の売り注文と買い注文はすべて約定するため板に残らず、**表4**のようになります。この場合、始値は一二〇円で同じですが、出来高は一一〇〇〇株と一〇〇〇株増え、一一〇円カイ一三〇円ヤリになります。

いちど始値が決まると「ザラバ」に変わります。板が**表4**のようになっているとき、一二〇円で一〇〇〇株、一三〇円で二〇〇〇株の買い注文があれば、**表5**のようになり、一三〇円の売り注文のうち最初の二〇〇〇株はできて二〇〇〇株の売り注文は残ります（**表6**）。このようにして、ザラバでは、継続的に取引が成立しながら株価が上下に変動することになります。

立ち会いが終了する時点でつく相場は終値《おわりね》といわれます。始値と同じように終値も板寄せで決められます。その日限りの注文は、ここで板から取り除かれますが、一週間継続する「出合い注文」ならばそのまま板に残されて、次の日の板寄せへ引き継がれます。もちろん、前日から引き継がれる注文は次の日の最も早い注文より順位は先になります。

このようにして、日々の株式市場の相場は決定されています。株式市場は、最近ではコンピュータによる売買が中心ですが、基本的にはこの板寄せ、ザラバの方法と同じです。

一般均衡理論のモデルは株式市場

さて、一般均衡理論を唱えたワルラスは、競り人が価格を動かし、需要と供給を一致させる市場を「よく組織された市場」と呼び、その典型として、株式市場を念頭においていました。ワルラスはそれに基づいて市場モデルを作ったのです。

しかし、先ほど述べたように、現実には、競り型の市場は決して一般的ではありません。取引所を組織して、売買価格、売買数量に関する情報を一か所に集めたり、顧客に伝達するための取引費用の負担等を考えると、すべての商品についてこのような市場を開くことは不可能だからです。また、実際の株式市場には、確かに競争によって価格が決まるという要素があります。しかしこれも今見たように、売り手と買い手が提示した価格と量が一致したところで取引が成立していく無数の「相対取引」の集合であり、すべての財の需要と供給が一致した交点で価格が決まるといった一般均衡理論が唱えたモデルとはかけ離れたものです。

一般均衡理論は、みずからの理論に都合の良い部分だけを取り出して市場モデルを作りましたが、それは、ほんの一部の商品に当てはまるといったほうがよいものです。食料や衣類、電化製品や書籍といった一般消費財のほとんどは定価販売されています。定価販売といっても、価格がいつも固定されているというわけではなく、定期的に値上げしたり値下げしたりされています。また、工作機械、船や工場など、一台の価格が大きく、仕様がそれぞれ異なる製品の場合には、受注生産になります。

工業製品の場合、価格決定は複雑なものになりますが、それをごく大まかに言えば、生産に必要な土地、工場、機械、原材料、労働に関わる費用から製品一単位あたりの原価を計算し、それに上乗せ率（マークアップ）を掛けたマージンを加えて定価を計算します。そして、需要が供給を上回れば、売り手は手持ちの在庫を減らすか、あるいは、稼働率を引き上げて生産高を増やすかして、速やかに供給を増やそうとするでしょう。それとは逆に、需要が供給を下回れば、売り手は手持ちの在庫を増やすか、あるいは、稼働率を引き上げて生産高を減らすかして、速やかに供給を減らそうとするでしょう。このように、売り手は需要の短期的変動に対しては、価格調整ではなく数量調整によって対応するはずです。需要変化が長期トレンドを形成し、数量調整で対応できない時に初めて価格調整を行うのです。

そうした市場では、まったく同じ商品が異なる売り手によって異なる価格を付けられて売られます。さらに、同じ売り手も異なる時間に異なる価格を付けます。したがって、同一の商品が売り手(場所)や時間ごとに異なる価格で売られる「一物多価」が常に成立するのです。このため、需要と供給の均衡で一つの価格と数量が決まると考えることはできません。

つまり、売り手は適切な価格が市場で決められてから売買を行うのではなく、自らが定価を提示し、買い手の需要の強弱に対して数量調整を行い、長期的には、価格調整を繰り返しながら売買が異なる価格で次々に行われていくのです。売買取引が継続的に行われている限り、高く買いすぎたり、安く売りすぎたりする人もいれば、物が売れ残ったり、売り切れたりもします。経済学者は、そういう経済主体の行動が合理的でない、あるいは価格が十分に伸縮的でないからそうなるのだと言いますが、実際には、そういう主体がいる分散的市場でも売り手間や買い手間の競争はちゃんと働いているのです。

二〇年前の電子市場

次に紹介する市場は、電子市場です。といっても、現在インターネット上で隆盛を極めている「イーベイ(eBay)」「Yahoo! ショッピング」「楽天市場」「アマゾン・ドット・コム」のような巨大電子市場ではなく、ホストコンピュータとパソコンを電話回線で接続し、情報をやり取りしたパソコン通信の時代における電子市場の黎明期についての話です。

一九九〇年代後半、ニフティサーブという全国で二〇〇万人を超えるパソコン・ユーザーが登録していた日本最大の商用ネットワークがあり、まだ拡大を続けていました。そこでは「電子バザール」とでも呼ぶべき、人間臭さと温かみのある電子市場が勃興し、賑わいを見せていたのです。それは世界のどこからでもふらっと覗いてみることのできる二四時間オープンのガレージセールのような場所でした。当時のロースペックのパソコンやモデムという原始的な通信技術、文字情報だけの色気のないサービスは今から振り返ると太古の昔のような感じがしますが、電子バザールにはオークションやクレジット決済などの余計な装飾が一切なく、その基本内容はいたってシンプルなので、むしろ市場の本質が見えやすいという利点があります。いまから約二〇年前の電子市場の卵である電子バザールから、市場の本質や問題点に迫ってみましょう。

当時、ニフティサーブの電子バザールでは、会員同士の間で「掲示板」の中の「売ります」と「買います」のメニューを使って、売り買いの取引が行われていました。「売ります」「買います」メニューには、中古のパソコン（富士通、ＮＥＣ、アップル、ＩＢＭ）やワープロ、ソフトなどの売り情報や買い情報が一つの分類ごとに五〇〇個程度並んでいました。そこでは、売り手や買い手が自分が希望する価格で売りまたは買いのオファーをメッセージとして載せることができました。メッセージの閲覧者はこうした申し出を検討して、条件的に満足できるならば、相手にホストコンピュータ経由で電子メールを送り、買いたいという意思を伝え、メールで価格や条件の交渉を行うことも可能でした。価格、送料、送金方法、品物受取方法など細かい点まで同意できれば、承諾の意志とこちらの住所、電話番号を伝えます。メールの二、三回のやりとりで提案、承諾を行いながら、商談を進めていったのでした。話がうまく進んで合意が成立すれば取引に移りますが、双方の条件が折り合わず、商談がお流れになることもありました。

さて、この電子バザールは、一般の市場と同様、いくつかの問題点や欠陥を含んでいます。まず買い手にとっては、現物を確認する手段がないという問題が挙げられます。古本やコンピュータソフトなど安くて壊れにくい物であれば、さして気にするほどのことでもないかもしれません。実際、私の数十回程度の取引経験では、事前の説明と現物の状態が大きく食い違っていたというトラブルは幸いありませんでした。インターネットの普及以後にはあまり考えにくいことなのですが、当時、パソコン通信をやっていたのはパソコン好きな一部の人々だったはずであり、掲示板やフォーラムには同好会という雰囲気があって、信頼や助け合いの文化が根強く残っていたように思います。このようなバーチャル・コミュニティでは、自己利益のみを追求するために相手を騙すといった詐欺は発生する確率が低くなると言えるでしょう。また、ニフティサーブは会員制だったので、電子メールのやりとりも含めすべてホストコンピュータ上で行われていたこと、会員IDが信用補強の機能を果たしたこともあったでしょう。つまり、クローズド・ネットワークならではの利点があった可能性があります。

とはいえ、品物がコンピュータ本体やレーザープリンタなど高額品である場合、現物確認できないという問題がクローズアップされます。中古品ゆえに正常に作動するかどうかの保証はありません。また、購入当初は正常に作動しているように見えても、すぐに故障し動かなくなるといった「隠れた瑕疵《かし》」があるかどうかは、買い手からはわかりません。

いまでは、出品者や入札者の評価、カスタマーレビューやおすすめ度など当時より種々の創意工夫をこらしたサービスが提供されてはいるものの、これは現在の電子市場でも基本的には同じ問題を抱えているのです。

結局、買い手は売り手の善良なる市民としての「良心」に頼るほかないのです。売り手は電子市場の向こう側にいる顔も見えない赤の他人であり、どこまで信頼できるのかは疑問です。実際当時もいまも、品物の「隠れた瑕疵」についてのトラブルは少なくないのです。

さらにやっかいなことに、輸送中に破損するということもあります。このとき、輸送に際して運送会社で保険をかけていればいいのですが、そうでない場合も当時は多かったようです。また、この場合に責任を負うのは売り手なのか買い手なのか、きちんと取り決めていないことも多く、水掛け論になり、どちらかが泣き寝入りといったケースも起こりかねませんでした。

また代金の受渡し方法も難しい問題です。売り手の銀行口座に振り込むというのが一般的でしたが、買い手が商品を確認してから振り込むとすれば、売り手が先に商品を発送するので、代金振込に関するリスクを売り手が一方的に引き受けることになります。他方、先に買い手が代金を振り込むとすれば、商品が届くのかどうか、仮に届いてもそれに瑕疵が存在しないかを確認することができませんから、リスクは買い手負担になってしまいます。代金を買い手に先に振り込ませ、品物を送らないでドロンする詐欺行為の被害者が続出するというトラブルもあり、ネットワーク上で警告が発せられたこともありました。

こうした問題を回避するために利用されるようになったのが、「代金引換制度」いわゆる「代引」です。買い手は品物が配達されたときにあらかじめ双方で合意した代金と引き替えに受け取ればよく、その代金は配達員に支払う方法です。しかしながら、この方法でも、代金を支払う前に品物の内容を確認することはできないので、隠れた瑕疵の問題は残ります。

現在では、先述のように、被害補償やトラブルお見舞いのような保険制度の導入や優良な売り手を評価するシステムの構築などによって、取引に伴うリスクをできるだけ回避する仕組みが、二〇年前に比べて整えられています。

とはいえ、これらの問題はすべて、電子商取引において売り手と買い手が遠距離に居て、取引相手と実際に会って行う対面取引ができないために起こることです。ですから、問題を根本的に回避するためには、対面取引が一番です。双方が場所と日時を定め、品物と代金を持参して、その場で相互に確認して、品物と代金の受渡しを行うことが、「瑕疵の問題」を回避する最も確実な方法だと言えます。

対面取引とレモンの市場

では、対面取引だったら、まったく危険性はないのでしょうか。人間というのは相手の顔を見れば、相手が善人か悪人かを瞬時に見分けることができるという能力を、皆ある程度は持っているでしょう。それでも相手を見破れずにだまされるということは、いつの世の人間社会にもつきものです。

このような対面取引でも避けられないのが、いわゆる「レモンの市場」の問題です。これは、何も電子市場に特有の問題というわけではなく、一般的な市場においてもみられる、いわゆる「市場の失敗」の一例です。

「市場の失敗」というのは、理想的な状態でも市場メカニズムがうまく働かず、好ましくない結果がもたらされることです。具体的には、公害や環境汚染が一番わかりやすい例です。周囲の環境に悪影響があるにもかかわらず、企業が排水や煤煙を未処理のまま吐き出し続けた結果、公害が発生したのは誰もが知っていることです。これは、企業が排水や煤煙を費用と考えていなかったために、市場メカニズムがうまく機能しないからだと説明されています。

「レモンの市場」でいう「レモン」とは、「見た目はきれいだが、中身は酸っぱいもの」のたとえです。売り手と買い手は、商品に対し同等の情報と知識を持っていることが前提となっていますが、たとえば中古車の場合、その車のくせ、欠点、不良個所についてよくわかっているのは、それを使用してきた売り手本人です。これらは買い手にはわかりません。つまり、売り手と買い手の間に情報の非対称性が存在することになります。こういう場合には、市場メカニズムがうまく働かず、売り手に一方的に有利になってしまうのです。

もちろん、売り手があらかじめ誠実にそうした問題を指摘して、ある場合には、情報が売り手にも伝達されるのですから問題ありません。買い手はそのことを承知の上で、提示された価格が適当かどうかを判断し、購入を検討することになるからです。

同じことは、自己申告による生命保険加入の場合にも起きるといわれています。契約者でもあり被保険者でもある本人は、自分の健康のことを一番よくわかっているはずですが、自分の健康上何か問題があるにしても正直に自己申告するとはかぎりません。保険会社は、医師に診断してもらうことで、こういったリスクを避けることができますが、コストがかかりますし、診断によって病気が発見されるかどうかも確かではありません。結局この時にも、保険商品の買い手と売り手が持っている情報が不平等であるため「レモンの市場」の原理が働いてしまうのです。

こうした問題を回避する方法の一つは、売り手が販売する商品の品質を保証することです。製造者ないし売り手が、取扱商品に設定する期限付の品質保証では、商品に何らかの欠陥や不良がある場合には、売り手は商品を交換するか、代金を返却することを保証します。この場合でも、買い手がこの保証の実行可能性を判断するために、売り手の信頼度という情報を必要とするので、保証のあるなしにかかわらず最終的には売り手の社会的信用の構築が要件となるのです。

電子バザールが生まれて以来、売り手が販売する商品の品質（つまり売り手自身の信用）を保証するためにさまざまな創意工夫がなされてきたものの、匿名性が高い電子市場では、信用の問題を解決することは難しいでしょう。

ただし、ニフティサーブ上の電子バザールは匿名的であるとはいえ会員制を前提していたため、クローズドな関心コミュニティという面をある程度持っており、そのため会員相互にある程度の信頼関係を築いていました。市場の失敗を克服するためのこうしたコミュニティ的解決法も有効になりうることを忘れるべきではないでしょう。実名のプロフィールや写真に基づき、友人ネットワークを形成することを目的とする「フェイスブック(Facebook)」のようなSNSは顕名的な関心コミュニティによる信頼関係を形成する手法の一つだと言えるでしょう。

貨幣が物を「商品」にし、「商品」を売買する場所を「市場」に変える

さて、ここまでさまざまな現実の市場について見てきましたが、そこに共通していることは、なんでしょうか。

それは、そこでは貨幣を対価として商品が取り引きされているということです。つまり、貨幣で売買されるものなら何であれ「商品」となります。食品、衣料、燃料、日用雑貨や電化製品だけでなく、映画・音楽・ゲーム・ソフトウェアなどの情報財、株・債権・不動産、あるいは正規労働者、パートとアルバイトを含む非正規労働者の労働力などです。地位や名声、臓器や精子・卵子さえも、貨幣を支払うなら、非合法的なものとはいえ商品になってしまうのが、私たちが暮らす市場経済です。しかし、農家が自家消費用に生

産する米や家庭での家事・育児は貨幣を対価として受け取りませんから商品とは言えません（もちろん、これらも商品のようにみなされることはあります）。つまり、貨幣が物を「商品」にし、その「商品」を売買する場所を「市場」に変えるのです。市場とは貨幣があることで成り立っているのです。もしこの世に貨幣というものがなかったならば、市場も商品も存在しなかったと言えるでしょう。つまり、貨幣は、市場や商品を成立させるための前提条件であって、市場での商品交換をただ効率的にするための便利な「道具」ではありません。これが「貨幣なくして市場なし」ということの意味なのです。

4　貨幣生成の原理

貨幣は言葉と同じ？

貨幣は物々交換をより効率的で便利にするものというより、その存在自体が物と物との交換を初めて可能にするものです。そして、貨幣は広範な商品売買を通じて豊かな物質文明を築きうる市場経済の可能性を開くことで、ハイパーインフレーションやバブルの発生、そしてそれらの崩壊としての恐慌や不況という人的災害ともいうべき由々しき事態をも引き起こすことになるのです。それは、言葉が諸刃《もろは》の剣《つるぎ》であることによく似ています。

人は二本足で歩き、走ることができます。そして、人は自らが発明した自動車や飛行機という機械によってよりスムーズかつスピーディに動けるようになりました。自動車や飛行機はまさに高速で遠距離を移動するための効率的な道具です。しかし、貨幣はこのような意味での道具には喩えられません。では、貨幣は何に喩えればいいのでしょうか。

すこしわかりにくいかもしれませんが、いま述べた「貨幣はたんに交換を効率的にするための便利な道具ではない」ということを、言葉の喩えで考えてみましょう。

私たちが言葉を使うのは、ただ人とのコミュニケーションをスムーズにしたり、人にメッセージを伝達したりするためなのでしょうか。あるいは、言葉を介さない以心伝心の世界がまずあって、その世界の狭さや不便さを克服するための「道具」として言葉が生み出されたと言えるのでしょうか。

言葉がなければ自分が言いたいことを説明することも、相手が伝えたいことを理解することも十分にはできないのは確かです。言葉のやりとりを通じて自分と相手の考え方や感じ方の違いが明らかになるということもよく経験することです。もし言葉がなかったならば、現代の高度な文明や多様な文化を持つことができなかったこともまた確かでしょう。

しかし、コミュニケーションは、常に失敗する危険をはらんだ試みでもあります。言葉はいつもコミュニケーションを円滑にしてくれるわけではありません。ちょっとした誤解や行き違いなら、言葉で説明すれば簡単に解消されるでしょう。ところが、感情の複雑なもつれがあるときには、それを解きほぐそうと話せば話すほど糸はかえって絡み合い、取り返しがつかないほど両者の溝が広がることもよくあります。

また、お互いの考え方の違いも容易に認め合えるものではなく、思想、信仰や世界観の対立がエスカレートして、断絶や暴力に至ることも少なくありません。事実、今も世界のあちこちでテロや戦争が続いています。

こう見てくると、言葉はコミュニケーションのための便利な「道具」というよりもむしろ、コミュニケーションの可能性を一般的に開くことによって、人が他者との困難なコミュニケーションをなんとか成立させようと絶えず努力するための不可欠な「前提条件」だということがわかります。

始めに言葉ありき——人間が猿や類人猿とは異なるホモ・サピエンスとしての人間たりうるのは言葉のおかげです。良かれ悪しかれ、私たちは言葉から出発する以外には、この世界で生きていけないのです。

恋愛と物々交換の共通点

いま述べたことは、貨幣にもほぼ同じように当てはまります。一般に、私たちが貨幣を使うのは、それが便利だから だ、使用者にメリットがあるからだと考えられているのではないでしょうか。

先ほど述べたように、経済学における通説も、貨幣は物々交換の不便さを解消する便利な道具であると説明しています。つまり、貨幣がなくとも物々交換がすでに行われていたが、貨幣の登場によって物の交換がより円滑になったということです。このことが本当なのかどうか、まずそれを見てみましょう。

いま、漁師が海で鮭をとり、狩人が山で鹿を仕留め、各々が自分で食べきれないほどの鮭や鹿を持っているとしましょう。ここで漁師が鹿を、狩人が鮭を欲しているならば、両者の間で物々交換が行われるはずです。その場合も、鮭と鹿をどのような比率で交換するかについて両者が合意しないと、物々交換は行われません。しかも、漁師が欲しいのが鹿ではなく、兎であるならば、この物々交換は成立しません。物々交換の条件は思った以上に厳しいのです。

両思いでなければ恋愛が成就しないように、互いに相手の所有物を求めていなければ、つまり「欲望の二重の一致」がなければ、物々交換は行えません。相思相愛の陰で、その何倍もの片思いが生まれては消えているとすれば、片思いの本人は死ぬほどつらい気持ちになるでしょう。経済の世界では、欲しい人のところに物が届かないというのはもっと困ります。というのも、欲しい物が手に入れられないと、人が生きていくことができなくなることさえあるからです。

かりに、両者が交渉や妥協を通じて合意が成立したとしましょう。この場合、漁師と狩人の二人だけ、交換するものも鮭と鹿だけであれば、物々交換が実現するかもしれません。しかし、プレイヤーの数や、物の数が増えれば増えるほど、物々交換が実現する確率は急速に小さくなっていきます。物の数が数千や数万もあり、それぞれの所有者が自分勝手に欲しいものにアプローチするのであれば、偶然に「欲望の二重の一致」が生じるのは、まず不可能です。

しかし、ここで、もし誰もが受け取ってくれる「何か」があるとすれば、この問題は解決します。この「何か」が貨幣です。それをあらかじめ持っていれば、他の人々も必ず受け取ってくれるのだから、もはや片思いに嘆く必要はありません。狩人もまず誰かに鹿を売って貨幣を手に入れれば、鹿を欲しがらない漁師からも貨幣で鮭を買うことができます。狩人は、鹿－貨幣、貨幣－鮭と二回の交換を行うことで、目的とする鮭を手に入れられるわけです。ここでの鹿－貨幣という交換が「売り」ないし「販売」と呼ばれ、貨幣－鮭の交換が「買い」ないし「購買」と呼ばれていることに気づいた読者も多いでしょう。

貨幣が生まれるとき

では、この「何か」としての貨幣はいかにして生まれるのでしょうか。オーストリア学派の経済学者メンガーの説明によれば、次のようになります。

ある地域で、比較的多くの人が欲しがっている物があるとしましょう。ここでは、それを金《きん》としましょう。狩人は、別に金細工の装飾品を身につけようなどと思っていないかもしれませんが、それでも金を手に入れるメリットがあります。なぜなら、自分の欲求の対象である鮭を所有する漁師が金を欲しがる可能性は鹿を欲しがる可能性よりもずっと高いので、金を持っていけば鮭との交換が成功する見込みも増大するからです。したがって、金を直接欲しない人も、交換を実現するために金を手に入れようとします。

メンガーは、金を持っていれば、それと交換に鹿や鮭など他の商品を手に入れられる確率を金の「販売可能性」と呼びました。金が貨幣である（正確には、この時点で金はまだ貨幣ではなく、これから「貨幣になる」ので、問題がある言い方ですが）ならば、金を手放して他の商品を手に入れる交換は「販売」と言えるからです。金そのものを消費したいという人が最初はそれほどいなくても、次第により多くの人が販売可能性の高い金を貨幣として受け入れることになるのです。かくして、金は最も販売可能性の高い物である貨幣へと自発的に進化したというわけです。

貨幣の生成モデル

このことをもう少し一般的に説明すると次のようになります。

ここで a から e の五つの物がある場合を考えます（図1）。いまそれぞれの物の所有者が消費の対象として他の一つの物を欲しがっているとしましょう。このことは、一つの物からその所有者が欲しがっている他の物へ「↓」が一本描かれていることで表されます。①では、どの二つの物を見ても二本の逆向きの「↓」が描かれてはいません。これは、物々交換がまったく成り立っていないことを表しています。

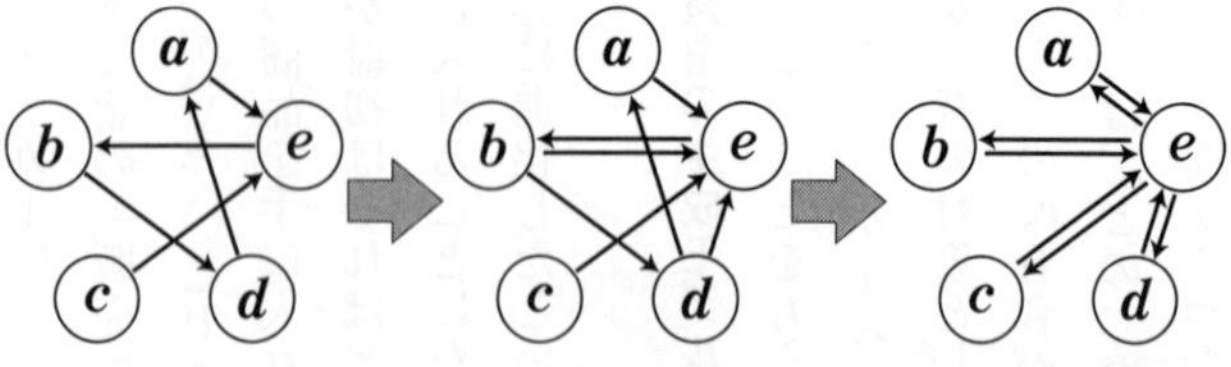

図1　貨幣の生成

しかし、①をよく見てみると、次のことがわかります。まず、他の物に比べてより多くの「↓」が向かっている物があります。この物はより多くの人に欲しがられているのです。①では、aとcという二つの物から出た「↓」が向かっているeがそれにあたります。物々交換とは、お互いに自分たちが欲しい物どうしを交換することです。これを「直接交換」と呼ぶこともできるでしょう。この例のように、多くの所有者が特定の物を欲しがっているとき、その物の「直接交換可能性」が高いといいます。

なぜかというと、その物に「↓」が向かっているということは、その物の所有者はそれを欲しがっている他の所有者の物と直接交換できるからです。したがって、そうした人が増えれば増えるほど、直接交換できる可能性は高まるのです。

同じように、すべての物について直接交換可能性を考えることができます。ある物の直接交換可能性を「ある物を欲しがる他の所有者の数÷自分以外のすべての所有者の数」と定義してみましょう。これは、ある物が直接に交換できる確率を表しています。①において、物eの直接交換可能性は二／四＝〇・五であり、それは五つの物の中で最も高いことがわかります。これが意味するのは、物eを持っていれば五〇パーセントの確率で他のいずれかの物と直接交換できるということです。こうして、物eは、その物が持っている、食べると栄養になるとか、それを着ると暖かいというような物理的・化学的な性質に基づく人間にとっての有用性とは別の、他の物と直接交換できる可能性という新たな社会的特性を持つようになります。だから、自分は物eを本当は欲しくないけれども、それを持っていると自分が欲しい物と直接交換できる可能性が高いから、自分もそうした交換のための手段として手に入れたいというような新たな欲望が生まれてくるわけです。

実際、①では、dの所有者はaを欲しいのに、aの所有者はdではなくeを欲しがっているので、dとaの間に直接交換は成立しません。けれども、dの所有者は、この経験から次のことを学習するにちがいありません。もし自分がeを持っていれば、それをaと直接交換できるので、まず自分のdをeと直接交換し、次いでeをaと直接交換することによって、自分が欲しいaを手に入れることができるだろう、と。ここでの連続する直接交換のことを「間接交換」と呼びます。すると、ここでは e は間接交換 $d \downarrow e \downarrow a$ を媒介するための手段として利用されていることがわかります。このような学習を通じて、各所有者の欲求は変化すると考えるのです。

こうして、私たちの物に対する欲望は、物を消費することで得られる有用性や効用に対する「直接的欲望」と、物と交換に別の物を入手できる可能性、すなわち、物の直接交換可能性に対する「間接的欲望」へと分裂することになります。

たとえば、ある物の所有者は直接的欲望として「自分が消費したい一つの任意の物を欲求する」だけでなく、間接的欲望として「自分の周りの物のうち最も直接交換可能性の高い物を欲求する」ようになると、各物間の「↓」は図の②のように変化するでしょう。この時、物 e は他のすべての物の所有者から欲しがられることになり、その直接交換可能性は四／四＝一・〇となるのです。自分の物を欲しがらないとすれば、この直接交換可能性は最大値です。このようにして、最も高い直接交換可能性を獲得した物 e だけが他のすべての物と直接交換可能な形式である「一般的等価形式」が形成されます。

こうして物 e の所有者は他のいずれの物とも直接交換できる地位につきます。しかし、このような地位は王位のように e に生まれつき備わっていた性質ではありません。それは、人々が互いに直接交換を求めることから生じる①のようなネットワークがまずあって、人々の欲望が直接的欲望と間接的欲望へと分化する②へと移行することによって、システムの内部から生じる後天的な性質なのです。

とはいえ、①の初期時点である物が他の物より高い直接交換可能性を持つのは単なる偶然というよりも、その物の何らかの有用性や希少性がより多くの欲求を引きつけたからかもしれません。たとえば、日本では米が主食品であったため、それが他の物よりも高い直接交換可能性を持つにいたったのではないでしょうか。他方、金は美しく光り輝く希少性の高い奢侈品であるだけでなく、耐腐食性や可塑《かそ》性など貨幣として優れた物理的特性を持つがゆえに、極めて高い直接交換可能性を獲得したといえるでしょう。このような意味で、物が元々持っている物理的・化学的特性やそこから生じる有用性は貨幣の生成にとって全く無関係であるとは言えないのです。

やがて、e以外の他の物の所有者が貨幣eとの直接交換である「売り」と、貨幣eと他の物との直接交換である「買い」だけを求めるようになると、それ以外の直接交換に対する欲求は人々の中で淘汰され消えてしまい、②は③へと変化するのです。この時、物は貨幣と商品へと分化することになります。

こうして、e以外の全ての物は貨幣による売買の対象である商品になります。そこでは、商品の貨幣との交換すなわち「販売」と、貨幣の商品との交換すなわち「購買」という二種類の取引のみが可能です。

他者の欲求の模倣が貨幣を生み出す

いま説明した貨幣生成論は、貨幣が元来は「商品」であることを仮定しているという理由で、しばしば「貨幣商品説」と呼ばれます。しかし、ある物が貨幣になると同時に、他の物が商品になる、あるいは、貨幣と商品は同時に分化するというのが正しい見方です。貨幣が成立する以前には商品も存在しない以上、こうした議論はむしろ「貨幣物説」ないし「貨幣実在説」と呼ぶべきでしょう。

いまの例では、一つだけ生成した貨幣があたかも安定的になるかのように説明しました。しかし、必ずしもそのような結果になるわけではありません。先ほどは、各所有者が「自分の周りの物のうち最も直接交換可能性の高い物を欲求する」という間接的欲望のルールに従うようになると仮定しましたが、そのルールを「直接交換可能性がある一定の閾《いき》値《ち》を超える物を欲求する」とすることもできます。そうすると、この「ある一定の閾値」

が大きすぎると、貨幣はまったく生まれてきませんし、逆にこれが小さすぎると、いくつもの物が直接交換可能性を高めたり低めたりする不安定なプロセスが繰り返されます。これはあたかも、いくつかの物が貨幣として生成したり消滅したりを繰り返すように見えるにちがいありません。この閾値が一定の範囲内にあれば、単一ないしごく少数の物がより多くの物の所有者に欲しがられる結果、その直接交換可能性は次第に増大し、やがて最大値を取って安定することになるのです。その結果、③のような単一の貨幣とその他の商品が存在する構造が成立するのです。

しかし、その場合ですら、偶然により貨幣の直接交換可能性がゆらぐことがあり、ゆらぎがかなりの大きさに成長すると、そうした貨幣は崩壊してしまうのです。つまり、貨幣とはある偶然の条件によって成立するものにすぎないにもかかわらず、ひとたび貨幣として偶然的に成立してしまうと、自分自身の構造を絶えず強化しながら存在し続けるような性質を持っているわけです。そして、こうした自己強化過程によって極めて安定的に成立している貨幣も、偶然的なゆらぎや人々の欲望の全体的変質により、いつかやがて崩壊してしまう危険性をはらんでいるのです。

ここで確認しておきたいのは、いずれの場合も、人々の交換実現の追求が「他人が欲しがっている物を自分も欲しがる」という他者の欲求の模倣、あるいは、他者に依存する欲求についての学習を生み出し、そうした人々の欲求の変化が意図せざる結果として貨幣を創発しているということです。

つまり、人間がそうした柔軟な学習能力を持っているということが、貨幣が生成されるための必要条件なのだと言えるのです。そこでは、学習を通じた主体の欲求（内部ルール）の変化が貨幣制度（外部ルール）の生成をもたらすという因果関係（図1の①から②へ至る）があるだけでなく、貨幣の生成が人々の欲求を他者依存的にするという逆の因果関係（②から③へ至る）もあります。その意味で、内なる制度である人々の欲求・選好と外なる制度である貨幣は、相互に規定し合うような循環関係を形成しているわけです。そして、このループこそ、「貨幣とは、貨幣として使われるから貨幣である」という自己準拠性の源であり、貨幣という謎の正体なのです。

そしてまた、これに類似する論理や構造は、市場経済において手を替え、品を替え、実にさまざまな場面で登場してくるのです。株価の高騰と暴落、バブルの生成と崩壊、ブランドの成立と衰退等々、すべてこの貨幣の生成・存続の論理と同じように理解することができるのです。

したがって、こうした貨幣のモデルこそ市場経済の自己準拠性、自己遂行性という側面を特徴づけるわけです。第三章では、歴史を紐解きながら、バブルの生成と崩壊について見ていきますが、そこではここで見た貨幣生成・存続の論理と同じようなメカニズムが働いていることがわかるでしょう。

貨幣生成・存続の論理は、大規模な経済で貨幣がすでにつねに存在し、それが必要不可欠なものであることを私たちに教えてくれます。しかしながら、ある特定の貨幣が必然的なものとして永続するということにはなりません。また、「あるべくしてある」と、現行の貨幣制度が正当化されるわけでもありません。むしろ、貨幣生成・存続の論理からは、貨幣はただ一つであるわけではなく、それが変容したり、多様になったりする、さらには崩壊して消滅する可能性があることがわかります。

また、貨幣という制度は自発的に生成してくるだけではありません。私たちが貨幣を人工的に制度設計することができるということがわかります。ただし、貨幣の構造・動態と人間の直接的・間接的欲望は相互に規定し合う循環構造を形成しながら共進化するものですから、制度設計は最善かつ最適な制度を一挙に構築するというものにはなりえません。むしろ、外部ルールである貨幣制度を実際に微調整しながら、望ましい方向性が得られるよう試行錯誤を繰り返していくというような進化的性質のものになるでしょう。

そして、この論理はまた、市場は安定的に均衡する、そして均衡とは効率的であると説く新古典派の市場像が貨幣を無視することによって、いかに現実からかけ離れた論理を展開することになるのかということを論理的に理解させてくれるものでもあるのです。

貨幣が持つ多様性

販売可能性が高い物が加速度的に販売可能性を高めてやがて貨幣になるというストーリーは、メンガー以来、教科書や解説本などいろんなところで語られており、それなりによくできたものですが、一つの貨幣が必然的に出てくるとする結論はいささか単純にすぎます。

したがって、ここではメンガーの「販売可能性」を物の「直接的交換可能性」と読み替えつつ、物の「直接的交換可能性」の高低と人間の欲求のルールが相互に影響を与え合う結果、貨幣の単一性・多様性や存続可能性に大きな違いが生まれることを見ました。いわば、貨幣と人間がダイナミックな共進化のプロセスを生きているのです。

こうした視点からすると、メンガー流の貨幣生成論は、便利な流通道具という貨幣のメリットだけを描いたものにすぎないと考えることもできます。その反面、貨幣が孕《はら》んでいるさまざまなデメリット、すなわちバブルや恐慌、所得や富の格差、拝金主義、コミュニティや自然環境の崩壊などを無視しています。そして、これが市場原理主義の理想を表現するもう一つの命題――「理想的な市場とはいろいろな物やサービスを最も効率的に人々へ配分する装置である」――と結びつくと、市場経済はほとんどバラ色のように描かれてしまいます。

しかし、もし貨幣と市場がそういうものであるというならば、次のようないささか空想的な意見にも反論することはできないでしょう。

「現実の市場は理想の市場にはほど遠いが、コンピュータ技術がより発達すれば、いつかコンピュータやコンピュータ・ネットワークによって、理想の市場を実現することができる。そうなれば、市場経済はより完璧になり、あたかも物々交換のように物やサービスを配分することができるから、貨幣という余分なものは不要になるにちがいない」

しかし貨幣という便利な道具が、コンピュータが作る理想的な市場という、より便利な道具に取ってかわられるであろうというこの予測は正しくありません。それが前提とする貨幣と市場のとらえ方がそもそも一面的にすぎるからです。貨幣や市場は、もっと多様な側面を持つ複雑なものです。

貨幣が持つ悪しき「可能性」

貨幣を単なる流通手段として見るならば、それは単に名目的な媒介にすぎず、景気動向や失業などの経済の実体には影響を及ぼさない、という考えが導かれます。しかし、現実から見て、それが正しい主張であるとは思えません。

また、貨幣は商品交換をスムーズにするばかりではありません。たとえば、景気循環の不況局面では、人々は貨幣を保有しようとして、商品を買おうとはしません。すべての商品が貨幣に対して売られ、今度はその貨幣で別の必要な商品を買うことができるという「流通手段」としての貨幣は役割が大幅に縮小するのです。その反面、誰もが貨幣を手離さず商品を買わないことから起こる恐慌というパニック、さらには失業と倒産を伴う不況といった問題も発生します。この場合、貨幣とは悪しき「可能性」へ道を開くものとも言えるのです。

「始めに貨幣ありき」。これは「貨幣なき市場」という経済学で広く見受けられる単純化への警告の言葉です。貨幣は商品交換をスムーズにする便利な道具にすぎないので、貨幣なき市場に関する理論から出発してもかまわないという考え方から私たちはまず自由になる必要があります。そのうえで、貨幣がいかに市場を作り上げているのか、それとともに貨幣にはどのようなメリットとデメリットがあるのかをもう少し注意深く吟味すべきなのです。

さらに、「貨幣が市場を作る」と考えることで初めて「貨幣を変えることで市場を変える」ことは可能かどうかという制度設計の問題に向かうことができます。これは、これまでにない、進化や複雑性という視点で経済社会の政策論を貨幣の制度設計論として考えることにつながるのです。

しかし、その前に、貨幣が必要とされる条件をある寓話を手がかりにして考えてみましょう。貨幣はただ一人しかいない無人島での経済ではなく、多数の人間がいる社会でこそ必要なものなのだということが見えてきます。

5　ロビンソン・クルーソーとヤップ島の石貨

ロビンソン・クルーソーの物語が語るお金からの逃れがたさ

これまで説明してきたように、貨幣は物々交換の不便さを解消する道具というより、言葉と同じく、経済社会を形成するために不可欠な媒体です。「始めに貨幣ありき」とは、このことを意味します。

といっても、この言葉の意味がもうひとつピンとこないかもしれません。そこで、二つの話を例としてあげます。

まず、ひとつめがロビンソン・クルーソーの物語です。ロビンソン・クルーソーとは、一八世紀に活躍したイギリスの小説家デフォーが書いた冒険小説の主人公です。ロビンソン・クルーソーの物語は、「経済とは何か」を説明するために、経済学でしばしば引き合いに出されてきました。

ロビンソンは、父親の忠告を聞かず一攫千金を夢見て航海に出ますが、その途中で嵐に遭い、彼の乗った船はある無人島に漂着します。彼は一人で何とか生きのび、難波した船

から パン、米、チーズ、肉類、酒といった飲食物の他、衣類、大工用品、武器、弾薬、インク、紙、コンパス、シャベル、針、糸など最低限の生活をするのに必要な品々を運び出し、「絶望の島」で一人暮らしを始めます。こうした物資がなかったら生活はもっと原始未開の状態になったはずで、絶望のあまり死んでしまったかもしれないと彼は言います。

ロビンソンは、工具で住居を建てて柵をめぐらし、さらにテーブルや椅子まで作ります。また、銃を持って狩りに出かけ、山羊や野鳥を捕って加工し貯蔵しました。やがて山羊を飼い、大麦や小麦の種をまいて耕作し、畑の鳥を追い払って、収穫することができました。こうして生活水準が向上した結果、丸太船を何か月もかけて作るための蓄えもできました。日に三度神に仕え、聖書を読む時間さえ持てるようになったのです。

このように、ロビンソンは試行錯誤を繰り返しながら、生産や牧畜・農耕の大切さを知り、また限られた資源である漂着物や自分の時間をどのように配分するのが合理的であるかということを学んでいきました。必要以上の食糧を備蓄しても、どうせ野獣の餌になったり腐敗したりしてしまいますから意味がありません。むしろ人間的であるために、聖書を読みお祈りをすることにしたのです。

ロビンソンはある日、難破船の中でヨーロッパやブラジルの貨幣である金貨や銀貨を発見した時、こうつぶやきます。

「無用の長物よ。お前はいったいなんの役にたつというのか。お前は今の私に鐚《ビタ》一文の値打ちでもあるというのか。お前はもう拾いあげるにも値しないのだ。いくらお前が山のようにたくさんあったところでこのナイフ一本にもとうていかなわないのだ」

なのに、どういうわけか彼はそれらを持ち帰ってしまいます。結局、それが無人島では錆び付くしかないことを身をもって知るために。そして、それが文明世界では蓄積欲をもたらす元凶であることを思い知るために。しかし、半ば無意識になされたこの行為は、実はロビンソンの文明社会への回帰願望とお金からの逃れがたさを暗示しているように思います。

この小説は、今まで敬虔なピューリタン像を描いたものとして倫理的、宗教的に解釈されることが多く、日本では、夏目漱石が道徳的な労働小説、無理想な現実主義だと批評したり、森鷗外が自立した個人や創業者という人物像を見いだしたりしています。

ところが、経済学者がロビンソン・クルーソーの物語を愛好する理由は別にあります。彼らが注目するのは、限られた資源をできるだけ効率的に利用しようとする合理的「経済人」としてのロビンソンの姿に他なりません。

ロンドン・スクール・オブ・エコノミクス（LSE）の経済学者であるライオネル・ロビンズは『経済学の本質と意義』（一九三二）で、経済学を「さまざまな用途を持つ希少性のある資源と目的との間の関係としての人間行動を研究する科学」と定義しました。これは希少性に基づく経済学の定義として最も有名なものですが、このように、所与の目的を達成するために希少な資源を最適に配分することにこそ経済の「本質」があると考えると、どうしても希少資源の最適配分問題に直面するロビンソンの合理性ばかりに目が行きます。そこでは、財の価格はその需要と供給が一致するように決まり、そうした財が希少である限り、価格はプラスになるという、あの新古典派の考え方が見事に成立するのです。しかも、無人島は交易相手なき自分一人の自給自足経済ですから、自分のものを他者のものと交換する必要はまったくなく、したがって貨幣が必要とされない世界です。新古典派が貨幣なき無人島におけるロビンソン・クルーソーの物語を好むのはこのためです。

　ところがさらに、無人島での主な資源とは彼自身の労働力ですから、そこは古典派経済学者であるリカードの労働価値説が見えやすい形で成立する世界でもあります。すなわち、食料等の必要物資を再生産する必要性という視点に立てば、財の再生産に必要な人間の労働量が財の価値を形成すると言えるのです。したがって、ロビンソンは、自分の満足を最大にする余暇と財の組み合わせを得られるように、一日二四時間を労働と余暇に分け、種々の用途に労働を合理的に配分する方法を経験的に学んだのです。このように、ロビンソンの無人島では、希少性にせよ再生産にせよいずれの視点からも資源と労働の合理的配分という帰結が導かれるのです。

かくして、いろんな学派の経済学者がこのロビンソン物語に経済の本質を発見し、自分に都合のいい教説を引き出して満足した結果、いまでは貨幣と市場の本質がすっかり見失われてしまったのです。

「経済」があっても「社会」がない

ロビンソン・クルーソーの物語の結末は、経済学者が考えたほど単純なものではありませんでした。ロビンソンは無人島を脱出して英国に舞い戻ったとき、自分が所有していたブラジルの農園を売却し、その代金としてスペイン金貨三万二八〇〇枚分の為替手形を受け取りました。彼は、自給自足ではなく、多数の人々が交易を営む市場経済で必要なものは、貨幣であることを決して忘れてはいなかったのです。このことは、あの無人島では無用の長物でしかなかった貨幣をなにげなく拾ってしまうという、ロビンソンの無意識の行為の中にも暗示されています。

貨幣は市場が成立するための前提条件ですが、自分ひとりで食料、衣料、住居などを生産し消費する自給自足の生活を営んでいたロビンソン一人の無人島にも自給自足の「経済」はあったと言えるかもしれません。だが、そこには多くの独立した個人が分業を行うことで成立する「社会」は存在しません。「社会」がなければ「貨幣」は必要とされることはなく、「市場」も生まれることはありません。

このロビンソン経済のイメージをもう少し広げ、夫婦と子供からなる「家族」で無人島に漂着し生活することになる「ロビンソン一家物語」を考えてみても、ほとんど同じようなことが言えます。家族の中では、調理や洗濯といった家事労働が貨幣で取引されるということはありません。もしかしたらいつかそうなる日が来るのかもしれませんが、今のところはまだそうではありません。それは、家族の中に「経済」があっても「市場」はないということを意味します。それは、家族が今もなお市場というよりも共同体（コミュニティ）であることの証なのです。家族とは、夫婦や父母子が有機的に結合して一体化している共同体であり、家族の中の構成員は自律したバラバラな個人ではなく、身体における手や足や頭のように自然に結びついていてお互いに不可欠な存在だということです。

人類の歴史において、「市場」は共同体（コミュニティ）の外あるいは共同体と共同体の間、たとえば都市の広場（アゴラ）や貿易港で成立しました。これに対して、「経済（エコノミー）」とは、「家（オイコス）」のような家族共同体を経営的に管理する「家政術（オイコノミア）」に由来するものです。このように「経済」という言葉が実は「経営」に近い言葉であるとは少し驚きます。

市場とりわけ外国貿易が共同体の周辺部で行われたのは、市場原理が贈与原理や互酬原理を壊してしまう結果、共同体が崩壊することを恐れていたからです。江戸幕府は、中国やポルトガル、オランダとの外国貿易を全面的に禁止はしなかったものの、長崎の海岸に出島という外国人貿易商のための人工的な小島を作って、市場原理を狭い圏域に封じ込めようとしました。それは、市場の荒々しい破壊力によって、士農工商に基づく封建社会が外部から突き崩される可能性を認識していたからです。

ヤップ島の石貨

さて、貨幣についてのもう一つのお話は、架空の無人島ではなく、今も多くの人々が暮らす、実在する島のちょっと変わったお金に関するものです。

ミクロネシア連邦のカロリン諸島西端に位置するヤップ島では、大きな石貨が今もなお使用されています。ヤップ島はリゾート地として有名なあのグアムやサイパンの南西、フィリピンの東にあります。こういえば、だいたいの位置がわかるでしょうか。ヤップ島には金属がなかったので、古来石が資源とされ、いろいろなものに応用されてきました。ですから、石が貨幣として使われたとしても、けっして不思議なことではありません。

ヤップ島の石貨は「フェイ」と呼ばれ、大きな石でできた車輪のような形をしています。ヤップ島の住民は、四〇〇キロメートルも離れたパラオ島で石灰岩を切り出してフェイを作り、それをカヌーや筏《いかだ》にロープで縛り付けて海面下に吊り下げて、運んできたのです。その大きさは三〇センチほどの小型のものから、四メートルぐらいの超大型のものまでいろいろです。中央には、ちょうど五円玉のような穴があいていて、大きいものは丸太を通して何人かで担いで持ち運ばなければなりません。昔アニメで恐竜とともに登場する原始人たちがそうやって石貨を運んでいたのを覚えている人もいるでしょう。フェイは主として婚礼などの儀式における贈答、家屋の建築への謝礼、紛争解決などに用いられます。

大きなフェイは運搬することができないので、道ばたや庭で野晒しになっています。狭い島の中ではすぐばれてしまいますから、盗んでいく者などいません。新しい持主は以前の所有者の敷地の上に置きっぱなしということもあるし、多くのフェイが広場に置かれている「石貨銀行」もあります。要は、それが自分のものであることを周りの人々に認めてもらえばいいのです。また、その価値は、大きさだけでなく、航海の伝説や来歴によっても異なります。

フェイのこのような不可思議な性格を表すエピソードがあります。

ヤップ島最大のフェイはある一家のものであり、そのことをヤップ島の住民の誰もが知っているのに、誰もそれを見た者はいません。まるで怪談のようですが、次のような伝説が昔から語り継がれています。

この一家の祖先が途方もない大きさのフェイを運ぶ途中、激しい嵐に巻き込まれ自らの生命を守るためにやむなく筏《いかだ》のロープを切ってしまいました。ヤップ島に戻ったその祖先は地団駄踏んで悔しがり、そのフェイがいかに大きく見事なものだったか、海中に沈めることがいかに避けがたいものであったかを人々に強烈に訴えました。その甲斐あってか、人々はこの証言を受け入れました。たとえ海中に沈んでいようとも、フェイとして加工されているというのであれば、所有者の家の敷地に転がしてあるのと同じではないかというのが、その理由です。海底に沈むこの巨大フェイは、数世代前から伝わるこうした伝承の中にしか存在しません。にもかかわらず、それは資産として認められ、その購買力は今日までずっと有効なのです。

貨幣はなんでもよい

ここから言えることは、なんでしょうか。まず、フェイは一般的交換手段というよりも、特定の目的のための経済的・社会的富の象徴であるということです。それは加工し、運ぼうとした者の名誉と威信の象徴でもあるのです。たとえ運搬や所有の対象として不便であり、実用的な価値はまったくないものであっても、誰もが伝説とその価値を信じるかぎり、それは貨幣として通用するわけです。

この伝説からわかるのは、海中のフェイでいいのならば、本当はそれが何であるかは関係ない、フェイの素材が石である必要もないということです。海中に沈み、誰も見ることも触れることもできない「もの」でも、人々が信じれば貨幣になるという意味で、それはある種の「観念」であるとすら言えるでしょう。

お金は、ある時は奢侈品であったり、主食や貴金属であったりします。何がお金になるかは、何がある社会で慣習や伝統に基づいた社会的価値物になるかによります。もっと簡単に言えば、ある社会の人々が何をお金として信じているかによって決まってくるのです。ヤップ島の人々にとって海中のフェイはお金であるが、そんな伝説など嘘まやかしで信じられないという私たち現代人には、それはお金ではないのです。

しかし、お金の素材は何でもよいからといって、お金とは何かという問題が解決されるわけではありません。

そういえば、文明社会に暮らす私たちも、その素材が何の価値もない「もの」を日々お金として受け取っています。そう、「壱万円」と書かれたあの日本銀行券です。発行に必要な費用がわずか二〇円にも満たない紙切れが、一万円の価値がある「もの」として日々流通しています。

お金とは、物理的な「もの」だけではなく、慣習や伝統、信念や観念に支えられた社会的な「こと」、しかも欠かせない「こと」なのです。ヤップ島のフェイのように、ある共同体の内部でだけ富や名誉の象徴として通用し、特定の財やサービスの取引に使われる貨幣もありました。これは貨幣のある一面を表しています。つまり貨幣は単なる「もの」ではなく「こと」として成立し、人と人との社会的な関係を表す情報であるということです。

第二章　「観念の自己実現」としての貨幣

——日銀券とビットコインは何が違うのか

1 貨幣について話し出すと、なぜ堂々めぐりになるのか

お金が持っている四つの機能

第一章では、どんなものでも貨幣になりうること、一般均衡理論が貨幣を軽視したことによって誤った市場イメージが広まってしまっていること、貨幣は市場における便利な道具でなく貨幣こそが市場を作るということ(「貨幣なければ市場なし」)について説明しました。そして、最後には、ロビンソン・クルーソーの物語からは「社会」がないところには「貨幣」も「市場」も生まれないということ、ヤップ島の石貨の話からは貨幣とは「もの」(物質)ではなく、社会的な「こと」(慣習や観念など)であるということを見ました。

貨幣と市場の特徴について、できるかぎりやさしく説明したつもりですが、私たちが現在実際に使っている貨幣については、ほとんど取り上げませんでした。この章では、日本

銀行が発行する一万円札から現在話題となっているビットコインまで、現代貨幣について具体的に取り上げながら、貨幣という謎に迫っていきたいと思います。

まずは、貨幣が持っている機能について、ここで整理してみましょう。

経済学では、貨幣の機能は、（1）交換手段／流通手段、（2）価値尺度／購買手段、（3）蓄積手段、（4）支払手段などと説明されています。

まず一つめの機能が「交換手段としての貨幣」です。物々交換が成立しない場合に交換（売買）の手段として利用されるとき、貨幣は「交換手段」となります。貨幣が交換手段として次々と売買を媒介していくことで、貨幣は多くの経済主体の間を流通することになるので、「流通手段」とも言われます。また、このように転々流通する貨幣は「通貨」とも呼ばれます。

二つめの機能が「価値尺度としての貨幣」です。貨幣は「リンゴ一個＝一〇〇円」「牛肉一キロ＝一〇〇〇円」といったように、商品の単位あたりの「価格」を均一的に表現します。貨幣のこのような機能を「価値尺度」といいます。先の等式では、貨幣でリンゴや牛肉など任意の商品を購入できるということを表すために、価格が表現される商品が左辺（等号の上側）に来ており、商品の単位価格の貨幣度量単位「円」による金額表示が右辺

（等号の下側）に来るのです。これは、貨幣が任意の商品を買うことができる「購買手段（購買力）」であることを意味します。つまり、リンゴや牛肉などの商品の価格を貨幣で支払えば、リンゴや牛肉を入手できますが、リンゴや牛肉を差し出しても貨幣を入手できるわけではありません。先ほどの等号は右辺と左辺を逆にして貨幣の一単位あたりの表現にすれば「一円＝リンゴ一／一〇〇個」「一円＝牛肉一／一〇〇〇キロ」となりますが、リンゴや牛肉など任意の商品は価値尺度ではないので、これは価格表現ではありません。

三つめの機能が、「蓄積手段」としての貨幣です。貨幣は、その価値が安定しているうちは、貯蓄あるいは予期せぬ経済現象や事故災害への備えとして「蓄積手段」として機能します。金《きん》のように素材自体が価値を持っている貨幣は独立した「蓄積手段」として機能します。しかし不換紙幣や電子マネーなど、それ自体が価値をほとんど持たない貨幣の場合は、それが交換手段や価値尺度として機能している限りは「蓄積手段」として機能しますが、しばしば貨幣価値が急減するハイパーインフレーションに見舞われるリスクもあるため、「蓄積手段」としては長期的には信頼できません。

四つめの機能は、「支払手段」です。商品の売り手が買い手に対し、代金の支払を一定期間猶予し、期限が来れば買い手が約束通りに貨幣と利子を支払う契約が成立したとします。このとき、この契約を決済するために使われる貨幣は「支払手段」です。このような契約を成立させるための「信用」は貨幣を節約するための仕組みとして発展していきました。「信用」が成立すれば、商品の買い手が企業の場合は手形で支払うことも可能です。銀行券や預金通貨などは「信用貨幣」と呼ばれますが、これは「支払手段」としての貨幣を基礎にして発展したものだからです。

この「信用」の発展は、貨幣だけの場合と比べると、商品の売買がより広く大規模に行われる可能性を切り開きました。しかし同時に、景気循環における好況と不況という変動がバブルの形成とその破裂という悲劇が繰り返される可能性を生み出しました。

貨幣と商品の違い

さて、この四つの機能の中で、最も重要な機能は通常「交換手段／流通手段」だとされています。第一章で、経済学では、貨幣は物々交換に伴う不便を取り除くために発生したと説明されることが多いと述べましたが、これは、貨幣はまず何よりも物と物の交換をスムーズにする道具、すなわち、交換手段だと考えられているからです。貨幣が交換の単なる中継ぎ役にすぎないのならば、その素材はなんでもよいということは容易に理解できます。貨幣を手段として物が入手できるのであれば、貨幣は別に金銀でなくとも、紙でも、電気信号でもかまわないからです。

けれども、このような考えでは、次のような貨幣の不思議さは見えてきません。ずいぶん昔のことですが、コマーシャルに「一〇〇円でカルビー・ポテトチップスは買えますが、カルビー・ポテトチップスで一〇〇円は買えません」というのがありました。もっと一般的に言えば、貨幣さえもっていればデパートやコンビニへ行けばどんな物でも買えるのに、銀行にどんな物をもっていっても貨幣は買えないということです。

「そんなの、当たり前じゃないか」と言われるかもしれませんが、実はこのことは貨幣の本質をついています。試しに「今日は貨幣の代わりに米を持ってきましたが、これでそのバッグを買えますか」とデパートの売り子さんに尋ねてみてください。おそらく、丁重に断られるか、さもなくば警備員につまみ出されてしまうでしょう。

いくら「貨幣は何でもいい」といっても、それは「貨幣の素材は何でもいい」ということで、任意の物が貨幣として受け取ってもらえるということではありません。

先ほど説明したように、商品の価格表現はあくまでも「リンゴ一個＝一〇〇円」であり、「一〇〇円＝リンゴ一個」ではありえません。一〇〇円でリンゴ一個が買えても、リンゴ一個で一〇〇円は買えません。その理由は、貨幣は「価値尺度／購買手段」という機能を持っていますが、商品はそうではないからです。

王様としての貨幣

第一章の貨幣生成の論理で見たように、貨幣にはそれで物を買うことができる力、つまり「購買力」があります。それに対して物には、他の物を買う力も、貨幣を買う力もありません。貨幣と物の関係を考えると、貨幣は万能の力を持った王様、物は王様にへいこらと頭を下げる家臣にすぎないとも言えるでしょう。

そういえば、デパートに行けば店員はあなたに深々と頭を下げてくれますが、あれも言うなれば、店員があなたにではなく、あなたが持っているはずの（本当は持っていないこともあるでしょうが）貨幣に頭を下げているようなものです。物を代表する店員が貨幣を代表するあなたに頭を下げるところに、貨幣の購買力が表れているとも言えます。このように、貨幣は物と物の交換をスムーズにする仲介者というよりも、物を買うことができる（逆に言えば、買わないこともできる）強い決定権を持つ王様のような存在と考えたほうが、本質に近いと言えます。

貨幣は「交換手段／流通手段」というよりも、むしろこうした決定権を独占した購買力の固まり、すなわち、「価値尺度／購買手段」と考えたほうが正しいのです。

貨幣について語り出すと、たちまち堂々めぐりになる

貨幣は物と物の交換のための手段であるというと、貨幣はちっとも偉くないことになりますが、現実には貨幣が偉くて物は偉くありません。そうでなければ、なぜ誰もが貨幣を求めるのかが説明できません。しかし、これで話がおしまいというわけではありません。そもそも貨幣はなぜそんなにもてるのでしょうか、なぜそんなに偉いのでしょうか。

こういうふうに考えていくと、いつのまにか私たちは振り出しに戻ってしまったことに気づきます。貨幣とは、光り輝くとか、かっこいいとか、貴重だとか、物としての素材が持っている性質や属性によってもてるわけでも、偉くなるのでもありません。

先ほどから何度も言っているように、貨幣の物としての性質は何でもよいのです。貨幣が物を買うことができる購買力を持っているのは、みんなが貨幣を求めるからです。しかし、みんなが貨幣を求めるのはなぜかといえば、貨幣が購買力を持っているからです。これは、一種の「堂々めぐり」のように見えます。どうやらまたもや、貨幣の迷路にさまよ

い込んでしまったようです。

2　「裸の王様」からお金を考える

一万円札と「観念の自己実現」

では、まず手始めに、誰もが知っている貨幣である日本銀行券について、考えてみましょう。

日本銀行券は不換紙幣ですから、なんらの有価物にも兌換《だかん》されません。また、日本銀行券は財務省印刷局で印刷されますが、一万円札の製造費用は二〇円足らずですから、その実質価値はほとんどないに等しいといえるでしょう。このように物としてはわずかの価値しか体現していない不換紙幣がなぜ一万円として流通するのでしょうか。

先ほど、「みんなが貨幣を求めるのはなぜかといえば、貨幣が購買力を持っているからだ」と言いましたが、これは部分的に省略した表現です。これをもう少し正確に言い直すとこうなります。「みんなが貨幣を求めるのはなぜかといえば、『貨幣が購買力を持っている』と、みんなが信じているか予想しているからだ」と。縮めれば、「貨幣が偉いのは、みんなが貨幣は偉いと思っているからだ」ということです。これを自然現象に置き換えて、たとえば「地震が起こるのは、みんなが地震が起こると思っているからだ」と言ってみると、なんだか非科学的なオカルト話のようにも聞こえます。

しかし、社会現象においては、みんなが思うことがいわば観念自身の力によって現実になるのはそれほど珍しいことではありません。たとえば、みんなが景気はよくなるだろうと思うと、企業は消費が拡大するだろうと予想して投資を活発に行いますし、消費者は物が値上がりすると予想して消費を拡大します。これによって実際に景気がよくなってしまうのです。

もっとわかりやすい例は、株式市場で見られます。ある会社の来期以降の収益が好転すると予想されれば、みんながその会社の株を買いますからその株は値上がりします。しかし、収益好転の予想といったことさらいい理由がない場合にすら、同じことは起こりえます。たとえば、一部の投資家がある株の相場を人為的に動かして利益を得ようとしているという噂が流れた場合を考えてみてください。その噂に便乗して多くの人がその株が値上がりすると予想すれば、それらの人々はその株を買いますから、実際に値上がりしていきます。そうすると、これを見てさらに多くの人々がその株を買うことになります。こうして、この会社の株はあっというまに暴騰するということがありえます。もちろんその後、皆が一気に売り逃げを始めると、暴落してしまうわけですが。

人々が同じようなことを考え、一斉に同じ方向へと動いてしまうと、それによってある観念が現実のものになる、非現実な観念といえども自分自身を支え持ち上げてしまうという事態。これを「観念の自己実現」と言うことにしましょう。この「観念の自己実現」はブームやバブルを発生させ、経済を不安定にする一つの原因なのですが、これについては、次の章でお話ししましょう。

「観念の自己実現」は私たちの身の回りのあちこちで起こっています。これなしでは社会は成り立たないとすら言えるかもしれません。そして、購買手段としての貨幣もまた、この「観念の自己実現」によって支えられているのです。

お金と「裸の王様」の話

話を一万円札に戻します。物としてはわずかの価値しか体現していない不換紙幣がなぜ一万円として流通するのでしょうか。

実は、不換紙幣が流通する謎を解く鍵は、アンデルセン童話「裸の王様」にあります。ちなみに、この話の原題は「皇帝の新しい着物」ですから、本当は、「王様」ではなく「皇帝」です。しかし、ここでは「王様」で通します。

これは、誰もが一度は読んだことがある有名な物語ですが、子供向けの童話は脚色されているので、ここではオリジナル版であらすじを紹介します。

見栄っ張りの王様は、世界一美しいだけでなく、愚か者や身分にふさわしくない者には見えないという不思議な衣装があると聞いて、早速それを作らせます。衣装の出来具合が気になるので、王様は最も正直で身分に相応しいと思える大臣に様子を見に行かせます。帰ってきた大臣は、「まったく立派なものでした」と報告します。今度は王様が見学に行きます。実は、王様自身にもその衣装は見えなかったですが、「何も見えない」と口にすれば自分の愚かさや自分が身分不相応であることを認めることになってしまいます。そこで、王様は「見事だ、気に入ったぞ」と大きな声で言いました。

衣装が完成すると、王様がこの衣装を身にまとって街を行進することになりました。誰も王様が裸であるなどとは言えません。しかし、一人の子供だけが笑いながらこう言うのです。「あっ、あの王様、裸だ」と。これが人々の間にひそひそ伝わっていき、最後には、とうとう誰もが「王様は裸だ」と叫びました。しかし、王様は、いまさら行進をやめることはできないので、いっそう堂々と胸を張って行進を続けました。

最後のクライマックスが強烈なので、この話は、世知辛い大人よりも正直で無垢な子供の方が世の中の真実を見ることができるといった類いの教訓とともに記憶されがちなのですが、実は、むしろそれ以前の部分にこそ、この物語のおもしろさがあります。

裸でも王様は偉い

まず、臣下や民衆にとっては、王様はどんな格好をしていようがやはり偉いのですから、誰も王様を笑ったりすることはできません。不敬罪で捕まって牢屋に入れられてしまうかもしれないからです。また、王様が本当は裸であるとしても、あたかも王様が素晴らしい衣装を着ているかのように振る舞いつつ、王様を賞賛しておいたほうが、人に後ろ指を指されないから自分にとって得になると合理的に考える者もいるでしょう。それに、王様の衣装が見えないと言えば、自分が愚か者で身分不相応であることを公言することにもなりますから、そんな恥ずかしいことはできないのです。このことは、臣下や民衆のみならず、じつは王様自身にも当てはまります。

本当は何も「ない」のに、誰もがあると信じる（ふりをする）ことによって、あたかも実際に「ある」かのような「現実」ができあがります。こうして奇妙なことに、「観念の自己実現」が成就するのです。

先ほど見たように、人々が「王様は裸だ」と言えない理由はひとつではなく、いくつもあるのです。いくつもあるということは、「裸の王様」は「観念の自己実現」としては、かなり強固なものであることを意味します。

後で見るように、これが不換紙幣についても当てはまります。裸の王様の「見えない衣装」が立派な衣装として通用してしまうことと、それ自身に何の実質的価値もない不換紙幣が立派な貨幣として通用してしまうこととの間には、基本的に何ら異なるところがありません。

「アクセスギフト」と一万円札

第一章で、いまから二〇年前の電子バザールの話を取り上げましたが、当時のニフティサーブの電子バザールには、ある種の貨幣の代替物が流通していました。それは、「アクセスギフト」と呼ばれるコンピュータネット使用権です。一時は、この「アクセスギフト」は商品販売の代金として使用されたりもしていました（その後、規約により禁じられます）。

「アクセスギフト」の仕組みは、次のようなものです。当時、ニフティサーブにアクセスするためには、電話料金のほかに、アクセス料金がかかりました。「アクセスギフト」はその料金の支払いに利用できるもので、他のネット利用者へギフトとして贈呈することができるものでした。「アクセスギフト」の贈り手はネット上で贈り先のＩＤと金額を入力するだけです。金額は、一〇〇〇円、三〇〇〇円、五〇〇〇円の三種類ですが、何度も贈呈を繰り返すことができるので、かなりの金額を贈ることもできました。「アクセスギフト」の贈り手は、使用料をクレジットカードで決済している者に限定されていて、「アクセスギフト」の料金は、一般のネット使用料と一緒にクレジット決済されました。

ですから、ニフティサーブの電子バザールにおいて、売買条件を交渉することになったとき、「アクセスギフト」で支払えるかどうかを相手に打診して、双方の同意が得られれば（最初から売り手がメッセージに「アクセスギフトでの支払可」と書いてある場合もありました）、銀行振込や代引といった面倒なことをせずに支払を済ますこともできました。

この「アクセスギフト」は、本来は贈呈＝ギフト用に発明されたもので、ニフティサーブというコンピュータネットの使用権に対する商品券（プリペイド・カード）にすぎません。しかし、会員間の売買取引で頻繁に利用されることで、電子バザールの中を流通し始めると、「アクセスギフト」はいささか違った意味を持つようになってきました。

電子バザールにおいて、「アクセスギフト」を品物と交換に受け取る売り手は、将来自分がニフティサーブの使用料を払うときに、「アクセスギフト」を利用できると考えて、それを受け取ります。しかし、売り手が「アクセスギフト」を受け取る理由はそれだけではありません。将来、自分が何かを買うときに、売り手が「アクセスギフト」を商品と交換に受け取ってくれるだろうと予想して受け取ることもありえます。つまり、いつか自分がなんらかの商品を買うことができる「貨幣」として「アクセスギフト」を受け取る可能性があるということです。将来、第三者が「アクセスギフト」を販売の代金として、つまり貨幣として受領してくれると予想してよいならば、現在それを自分も受け取る動機が生まれます。このように、「アクセスギフト」が代金として利用されて、それが第三者に譲渡されることが可能であるならば、電子信号にすぎない「アクセスギフト」は電子バザールにおける「仮想通貨」として立派に通用するのです。こうして、ニフティサーブにおける電子バザールは、その市場特有の「アクセスギフト」貨幣を生み出すことになるのです。

この「アクセスギフト」は、現在の「Ｓｕｉｃａ」や「Ｅｄｙ」のような先進の電子マネーの遥か先を行くものだったと言えるのです。なぜなら、電子マネーの場合、現金で「バリュー」をチャージし、それで財やサービスを購入して消費することしかできません。「バリュー」は現金に換金できないばかりか、他の個人に譲渡できない仕組みになっているのです。つまり、電子マネーの「バリュー」は、「アクセスギフト」のように、販売代金として譲渡したり、人から人へと転々流通したりする通貨にはなっていないのです。「アクセスギフト」はニフティサーブの中の電子バザールの中でしか通用しないとはいえ、現金である日本銀行券にずっと近いのです。

しかし、よくよく考えてみると、「アクセスギフト」が仮想通貨として受け取られるということは、なんら十分な根拠があるというわけではありません。つまり、そうした行動は、「他の誰かが受け取ってくれるだろう」という将来にたいする漠然とした予想が正しければ合理化されるというにすぎません。ですから、この予想の連鎖が、なんらかのはずみで崩壊してしまえば、仮想通貨という存在もいともたやすく霧散してしまいます。いつの日か「アクセスギフト」をだれも受け取ってくれなくなれば、そのときには、「アクセスギフト」を自分で使う以外にはありません。また、ニフティサーブというサービスが廃止されれば、「アクセスギフト」は何の意味もないコンピュータ上の電子信号にすぎなくなってしまいます。実際、二〇〇六年三月、インターネット黎明期に二〇〇万人以上の会員を集めたニフティサーブは、すべてのサービスを停止することになりました。

さて、「アクセスギフト」を引き合いに出したのは、なにも想像上のお話をしたいがためではありません。これと同じことを私たちはいまも日常茶飯事のように実践していま す。そう、あの一万円札です。

将来、他の人が受け取ってくれるであろうことをあてにして現在受け取るという行為は、経済的現象では広く一般に見られることです。また、人がやるから自分もやるという行動の仕方は日常的な経験です。自分の友人が高いブランド物を身に付けているから自分も真似をする。皆が株を買っているから自分も乗り遅れないように買う。「みんなに付いていけばまちがいない」「赤信号みんなで渡れば恐くない」という本能が、どうも人間の心の奥底に潜んでいるのではないかと思えてきます。

一万円札についても基本的には同じです。私たちは、一万円札が一万円の価値を持っているから、一万円札を受け取っているのではありません。そもそも、一万円の価値を持っているだろうかなどと考えたこともないのが普通でしょう。偽札であるか疑うことすらしないのではないでしょうか。皆が使っているから自分も使える、昨日使ったから今日も使える、ぐらいに考えているのではないでしょうか。

そしてまた、「アクセスギフト」も一万円札も、商品と引き替えにそれを受け取ってくれる人がいる、と無意識のうちにせよ考えているからこそ、私たちもそれを受け取るという点では、なんら変わりもないのです。ここにどのようなロジックが働いているのか、もう少し深く考えてみましょう。

慣習の自己実現

では、あらためて一万円札について考えてみましょう。

「日本銀行法」には、「日本銀行が発行する銀行券は法貨として無制限に通用する」と書かれています。日本銀行券は国の法律が通用力を保証したれっきとした「法貨」です。それは国家権力の後ろ盾を持つ王様のように偉い存在と言えます。日本国内で一万円を差し出され、それを貨幣ではないただの紙切れだから受け取らないというならば、法律違反で罰せられるかもしれません。

では、法的強制力があるから人は紙幣を受け取るのでしょうか。それは、ちょっと言い過ぎでしょう。法律や処罰によって、人に何かをさせることができると考えるのは誤りです。一般的にいって、法律は犯罪や違法行為を禁止することでそれらをさせないようにすることはできますが、特定の行為をするように仕向けることはできないのです。なぜなら法律とは、それに違反したときに罰することはできても、それを遵守したときに報酬を与えることはできないものなのですから。やはり国の権力や法律とは別に個人の側に一万円札を受け取るメリットがなければなりません。

大臣や民衆が「王様は裸だ」と思ってはいても口に出さなかったのは、単に王様の権力を恐れたからではなく、そうすることが自分にとっても得だったからです。これと同じく、日本銀行券が現実に流通しているならば、たとえそれ自身に何の価値もなく、また、それを日本銀行の窓口に持っていっても金貨などのそれ自体に価値のある物（本位貨幣）に兌換してもらえないにしても、日本銀行券を受け取ることの利益があるはずです。

では、それはなんでしょうか。

まず、日本銀行券は昨日までずっと通用していたのだから、今日もまた通用するはずだ、だから受け取るのだと考えるとすれば、余分なことを考える必要はなく、自分が思考に費やすはずの労力や時間を節約することができます。目の前にあるこの日本銀行券を受け取るべきか否かという問題よりも、どうやってお金を稼ぐか、稼いだお金をどう使うか、どうやって殖やすかなど、私たちには考えなくてはならない重要な問題が山ほどあるのです。

もしいろんなことについてあれこれ思い悩んだり、すべてを疑って考え込んだりしていたら、きっと何も行動できずに人生は終わってしまうことでしょう。実際、いままでと同じことが今回も起きるだろうと想定して行動することは、日常生活の中でよくあります。たとえば、人と約束するとき、あの人はいままで約束通りに来たから今回も来るだろうと考えますし、自動車で出かけるとき、自動車は昨日までは故障しなかったから、今日も快調に動くだろうと考えます。こうしたことは数え上げればキリがありません。このような判断は惰性的なものであり、それに基づく行動は習慣的なものですが、そうすることで、ほとんど何も考えずに定型的に行動することができます。

こうして多くの人が習慣的に行動していると、社会にある種の安定的な秩序、つまり慣習が生まれ、それが社会的な活動の枠組みになります。だから、私たちは結果的にそうした枠組みを当てにして行動することができます。そうなると、現実に人々の思考は節約され社会は安定化していきます。

こうして、過去から続く時間の中で人が世界は今日も明日も変わらないと信じることにより、「観念の自己実現」は「慣習の自己実現」として達成されていきます。

このように定常性を信じて行動することは、実際に過去から現在、現在から未来へと一方向へ時間が流れ、後戻りすることができない現実の世界ではばかげたことではありません。考えあぐねて何もできずに日が暮れてしまうより、ずっとましだといえるでしょう。なぜなら、大体いつも同じようなことが起きるという定常性が世界にはあり、それが繰り返されることが多いのであれば、例外的な状況を除いて、現実にこのように考えてほぼ問題なくやっていけるのです。

大地震は来ないと考えて生活をしていくとすれば、数十年に一度の大地震が来る日を除いては、実際にほぼ毎日大地震は来ないのですから、ほぼ問題なくやっていけるはずです。特に大地震が来る日をかなりの精度で予想できない限り、そうした予想を当てにして遠くに逃げるといった行動はかえって大きなコストがかかり、日常生活が営めなくなるでしょう。

　こうした慣習的な思考方法は一般に多くの人が採用するものですが、ビジネスマンより日常生活者に多いと考えられます。それは、たとえ昨日と比べて今日多少の変化があったとしても、いつもと同じような行動を取ることによって、社会や経済の定常性を回復するように働きます。こうして「慣習の自己実現」は現実に安定化作用をもたらすのです。

予想の自己実現

　しかし、物事を惰性や慣習によるのではなく、もっと合理的に考えたいと願う人ならば、右のような考え方には何ら合理的な根拠がないと思うに違いありません。とりわけ、経済学者たちはそう主張する可能性が高いです。しかし、彼らも次のように考えるのではないでしょうか。

「自分は、日本銀行券に何の価値も認めていないし、昨日までそれが通用していたからといって今日も通用するとは考えない。だが、受け取った一万円札がたとえ紙切れでも、未来において次の人がそれを一万円札として受け取ってくれると予想できるならば、自分がそれを受け取るのは理にかなっている。たとえそれがババでも次の人に渡せるならば、何の損にもならないからだ。もし、次の人も自分と同じように合理的に考えるならば、やはり日本銀行券を受け取ってもよいと考えるだろう。そしてまた、次の次の人も、次の次の次の人も同じように考えるはずだ。これが無限に続くならば、みんなが受け取ってもよいと考えるだろう。だから、自分も受け取ってもよい」云々。

こうして、この合理的な思考の持ち主も、次の次の次の……人という未来を予想する思考実験をどこかで止めることなく、無限回繰り返すだけの根気を持っているならば、慣習的な行動の人と同じく、日本銀行券を受け取ることになるでしょう。こうした思考方法によって人は永遠の未来を予想しつつ、そこから現在へと遡ってくるわけです。そうすることによって、「観念の自己実現」は「予想の自己実現」として達成されます。

ただし、先ほどの次の次の次の……人という思考実験を有限回で止めてしまうと、別の結論が導き出される可能性が生じます。無限回の思考実験は、無限の未来にはババを受け取る人がいなくはない（つまり、いる）と考えることを意味するわけですが、有限回の思考実験は、最後の人は次に受け取る人がいないからババを受け取らない、という予想を帰結します。そうなると、一番先の未来における最後の人はババを受け取らないから、その一人前の人も受け取らない、さらにその一人前の人も受け取らない、と連鎖的に予想することになり、最後に現在の自分に戻ってきて、自分も受け取らないと予想することになります。

つまり、合理的思考に基づいて予想をする人は、コンピュータを使っても実行できないような無限回の思考実験という仮定を導入することでかろうじて無限の先に受け取る人はいない可能性を消極的に否定することにより日銀券を受け取るわけです。いわば人間の合理性を超えた「無限」に関する無知によってこうした結果が生み出されるのです。

このような合理的な思考方法は、無限という非合理性のおかげで日本銀行券を受け取ることを正当化するとも言えます。これは、典型的にはビジネスマンあるいは投資家、もっと言えば投機家に見られるものです。未来を合理的に予想しようとする人は、現在のちょっとした変化によって無限の未来に対する不安が生じると、有限の未来から現在を考えるようになり、「予想の自己実現」によってそれまで受け取ってきた日本銀行券を受け取るべきではないという逆の合理的予想へ途端に反転してしまう危険性をはらんでいます。その意味で、合理的な未来予想は小さな変化や揺らぎを増幅し、現実の定常性を大きく切り崩していくような、不安定化の作用をもたらすものです。

予想と慣習という観念が作る強い現実

「観念の自己実現」は「慣習の自己実現」と「予想の自己実現」の合成的な効果として生じます。いま説明した、一般人による「慣習の自己実現」と投資家による「予想の自己実現」（無限の思考実験による）のいずれによっても、日本銀行券は受け取られるということになります。したがって、「慣習の自己実現」と「予想の自己実現」を足し合わせた「観念の自己実現」から形成される「現実」は、実はかなり強固なものであることがわかるでしょう。

一般人による「慣習の自己実現」が生み出す安定化作用が大勢を占めている限り、いくら小さな変化や揺らぎに敏感に反応する投資家の「予想の自己実現」が不安定化作用として働くにしても、現実の定常性はそう簡単には崩れないはずです。

だから、「王様は裸だ」と叫んだあの子供のように、「日本銀行券なんてただの紙切れだ、何の価値もない」と、あなたがいくら一人で叫んでみたところで、それが急に価値を失うわけでも、流通しなくなるわけでもありません。叫ぶ人数が多少増えても、圧倒的多数は元のままであれば、変化は起きないでしょう。

一人の純真な子供が叫んだから王様が裸になるのではありません。みんな心の中では奇妙だと思いながらはっきりと王様が裸だといえない疑心暗鬼の状況の中で、子供のあの言葉が引き金となり、「なんだ、他の人にもやはり見えないんだ」という気持ちが急速に広がっていくところに、クライマックスが来るわけです。そこで王様は本当に裸になってしまうのです。

あの物語には、「王様は裸だ」という子供の声がいかにして、ある限界を超えて広く伝染したのかは描かれていません。いずれにしても、他の多くの人が「そうだ、日本銀行券なんて何の価値もない」と叫ぶとき、あの強固な「観念の自己実現」の構造がうち破られるのです。

このような「観念の自己実現」の構造の崩壊は、「慣習の自己実現」と「予想の自己実現」という「観念の自己実現」の二つの異なる形式という視点から見ると、どう理解できるでしょうか。

初めは、偉くて立派な王様が着ているのだから、「見えない衣装」は存在していると信じる大勢の一般人が「慣習の自己実現」を形成し、王様は裸であることを知っているものの、多くの人々が「見えない衣装」を信じている以上、自分もそう信じた方が利益になると考えるような、一部の臨機応変な人々が「予想の自己実現」を形成することで、「観念の自己実現」は成就され、裸の王様の厳かな行進は続いていました。

ところが、一人の純真な子供の叫びという小さな揺らぎがやがてさざ波のように広がっていくと、まず「見えない衣装」を信じるふりをしていた目ざとい人々の「予想の自己実現」にほころびが生じ、やがてそれが雪崩《なだれ》を打って崩れます。すると、強固であるはずの一般人による「慣習の自己実現」も次第に壊れ始め、やがて臨界点を超えると、それも一気に崩れてしまうのです。こうして、ゆらぎによりもたらされる「予想の自己実現」の不安定化作用が働きだし、それが「慣習の自己実現」の安定化作用を上回ると、最後は「観念の自己実現」の全体が破壊されるといったダイナミックなプロセスが生じるのではないでしょうか。

もしこのようなことが日本銀行券にも起きるとするならば、日本銀行券はその価値を大きく喪失し、もしかしたら受け取られなくなるかもしれません。貨幣価値が大幅に減少するのは、物価が急騰する「ハイパーインフレーション」という一大事です。しかし、たとえ円のような一つの貨幣についてハイパーインフレーションが起きたとしても、それは貨幣の崩壊を意味するわけではありません。

人々は円以外の貨幣——ドルなどの世界通貨か金《きん》や米などの代替的本位貨幣——あるい

は新たなる貨幣――ビットコインなどの電子マネーやコミュニティ通貨――を追い求めることになるでしょう。貨幣なしでは市場経済は成り立たないからです。つまり、ある「観念の自己実現」は崩れても、別の「観念の自己実現」が生き延びるのです。

そういえば、「裸の王様」では、子供に裸であると指摘され、みながそれに呼応した後も、王様は威風堂々と歩き続けたではないですか。このことは、もう一つの「観念の自己実現」である王権そのものは生き延びたことを物語るのではないかと思えるのです。

3 疑似通貨「円天」

円天事件

さて、貨幣は、法や国家の存在を前提としつつも、その強制力によって通用するのではなく、「観念の自己実現」のメカニズムによって支えられているものであることを見てきました。

であるならば、貨幣が世間一般の社会的な慣習や合理的な予想とは異なる「観念の自己実現」によって成り立つケースもあるにちがいありません。

たとえば、大規模な詐欺事件を招いて、大きなニュースになった疑似通貨「円天」や最近話題になっている「ビットコイン」など、インターネット社会が生み出したまったく新たな貨幣が、どのようなメカニズムによって生まれたのか（あるいは消滅したのか）を考えていくことは、「観念の自己実現」を見るうえで恰好の素材です。

ここでは、「円天」と「ビットコイン」という二つの仮想通貨を見てみることにしましょう。

「円天」とは、健康商品販売会社「エル・アンド・ジー（L&G）」社（本社は東京都新宿区）が発行した疑似通貨のことです。電子マネーのようなポイント（バリュー）という形式を取り、携帯電話で支払えるようになっていました。エル・アンド・ジー社は、会員になれば、元本保証プラス「一〇〇万円の預け入れで三か月ごとに九万円を支払う（年利三六%）」という宣伝文句で協力金と称する多額の出資金（保証金）を集めました。全国約五万人から一〇〇〇億円以上を集めたと言われています。

しかし、二〇〇七年一月頃から資金繰りが悪化すると、突然、会員への配当を円から円天に切り替え、しかも一年ごとに預けた円と同額の円天を受け取ることができる（一〇〇％のプレミアム）という変更を行いました。しかし、二〇〇七年の秋頃には円天での配当もストップしたため、出資金の返還を求める会員が続出しました。二〇〇七年一〇月、出資法違反容疑でエル・アンド・ジーに対してついに捜査のメスが入り、同社は破産しました。二〇〇九年二月、会長の波和二は、組織犯罪処罰法違反（組織的詐欺）の容疑で逮捕され、二〇一二年一月に懲役一八年の実刑判決が確定しています。一九八五年の豊田商事事件に匹敵する大規模な詐欺事件として社会的にも大きな関心を呼びました。

円天の「ポンジ・スキーム」

エル・アンド・ジー社の手口は、円天が実際には円とは違う疑似通貨であるにもかかわらず、まるで円天を円と同等の価値があるかのように「錯覚」させることで、会員と出資額を拡大させていきました。銀座をはじめ全国の高級ホテルに「円天市場」と称する、食料品から宝石などの高級品まで取り扱う売り場を開設し、円天で購入できるようにしました。円天でいろいろな物を買わせることにより、円天の「交換手段」としての機能を強く認知させようとしたわけです。さらに出資金元本は保証されており、年一〇〇％相当の円天による「配当」が入ってくることになっていたのですから、いいことずくめです。数々の演歌歌手を招いて会員向けに無料コンサートを行うなど、有名人を広告塔として利用することでエル・アンド・ジー社と円天の信用力を高めようとしたのです。

ちょっと考えてみれば、「こんなうまい話があるわけがない、ずっと続くはずがない」と思いますが、これに五万人以上の人々が騙されたというのですから、驚きです。

円天事件の本質は、エル・アンド・ジー社が「ポンジ・スキーム」という詐欺を行った結果、円天が過剰発行されることになり、やがて配当システムが破綻したため円天が使えなくなり、出資金も戻ってこなくなったという、ただそれだけのことです。

ポンジ・スキームとは、一九一〇年代から二〇年代にかけて米国のチャールズ・ポンジが初めて使った詐欺の手口です。やり方は、出資金に配当金を出すと謳《うた》っておきながら、実際には、後から参加する別の出資者の出資金を使って配当金を支払い続け、あたかも資金運用益から配当されているかのように装います。後から参加する出資者が配当金を支払えるほど増えなければ、このスキームは破綻します。

ネズミ講は出資者ないし会員のピラミッド型階層組織を作り、上位の階層にいる出資者が下位の出資者の資金を配当として受け取るという仕組みで、理論上は出資者をネズミ算式に増やしていくと、出資金が無限に増え続けるので、「無限連鎖講」と呼ばれます。ただし、これは実際上は不可能です。したがって破綻が必然なので「無限連鎖講の防止に関する法律」により禁止されています。

エル・アンド・ジー社は明らかに違法である無限連鎖講ではなく、投資詐欺の一種であるポンジ・スキームを利用しつつ、そこに円天という疑似通貨を利用する工夫を加えたのです。その手口がどういうものかは後で説明します。

それにしても、一定の出資金から無限の配当（ただし、それは法定貨幣である「円」ではなく、購買力をもつ「円天」というポイント）を生み出せるかのような錯覚を起こさせるマジックに、なぜ五万人もの人々が騙されてしまったのでしょうか。

円天事件は単純な出資金詐欺事件なのですが、この大規模な詐欺が成立した一番の要因は、円天による買い物が円天市場で実際にできたことから、多くの人々が「円天はなんでも買うことができるお金である」という「幻想」を抱き、そうして生まれた幻想が「観念の自己実現」によって強められてしまった結果、起こった事件とは言えないでしょうか。

ここで動いた「観念の自己実現」のロジックとしては、円天の未来における帰結を合理的に予想する「予想の自己実現」ではなく、円天はこれまで買い物に使えたのだから、これからも同じように使えると見なしてしまう「慣習の自己実現」の方です。

疑似通貨＝「前払式支払手段」

この事件でもうひとつ興味深いのは、出資法違反でなく、結局は詐欺事件とされたことです。なぜエル・アンド・ジー社は円天での配当を行ったのでしょうか。もちろん現金での配当ができなくなったからでしょうが、もうひとつの狙いは、違法性を消去しようと意図したからではないかと考えられます。

円天は法的にはもちろん通貨ではありません。商品券や電子マネー（ICカード型、ネットワーク型）と同じく「疑似通貨」ですが、法的には二〇〇九年の「資金決済に関する法律」で「前払式支払手段」と呼ばれるものです。しかも、それは発行者からのみ商品やサービスの提供を受ける「自家型」と呼ばれるものです。基準日（毎年三月末と九月末）における前払式支払手段の未使用残高が一〇〇〇万円を超える場合、未使用残高の半額以上を供託しなければなりません。エル・アンド・ジー社がこの供託義務を果たしていなければ、資金決済法違反となっていたはずです。

当初、検察側は出資法違反容疑で捜索を始めたようです。出資法は「不特定多数の者から払い戻すことを約束して金銭を集めることの禁止」を規定しています。エル・アンド・ジー社は出資額一〇〇%相当の円天を毎年支払い、最終的には出資額を円で払い戻すと約束したのですから、これだけ聞くと、元本保証の出資を約束した件で出資法違反となりそうです。

おそらく、会員から預かった協力金が「出資金」かどうかがポイントになったはずです。「出資金」と同額の円天を「配当する」と言っても、疑似通貨「円天」による「配当」は、法律上は「配当」や「利子」と見なされるのでしょうか。もし見なされないとすると、以上のような行為も実際には「払い戻すことを約束して金銭を集める」ことにはなっていません。結局、会員は出資したのではなく、円で前払式支払手段を毎年継続的に購買したと解釈されたのではないでしょうか。ただし、その場合、出資や元金保証といった文句は一切使えないので、そう謳った点が詐欺なのです。

いずれにしても、出資法違反容疑で立件することはできませんでした。波和二会長は、自分は逮捕されないとうそぶいていたと言われていますので、エル・アンド・ジー社は、法定通貨でない円天を利用して法の網の目を確信犯的にかいくぐろうとしたものだと思われます。

「円天＝円」と換算され、円天市場で円による価格表示をしている物品を購入できるのであれば、エル・アンド・ジー社はそうした物品を仕入れるために円が必要になります。会員が預けた円の分だけ毎年円天がもらえるという仕組みは、新たな会員が支払う協力金（円）がそうした円天市場の物品仕入額（円）を補塡できない限り、破綻する運命にあります。協力金（円）に対する円天による年配当率が一〇〇％ですから、これを維持するためには、新会員が毎年一〇〇％以上のスピードで増加していかなければなりません。こうしたことは、普通に考えれば、最初の数年続けばいいでしょう。その意味で円天は、ポンジ・スキームという詐欺手法だと言えるのですが、物品販売や金銭授受に関するマルチ商法やネズミ講的な手口に似ている点もあり、かなり複雑な犯罪です。しかしこの事件は、マルチ商法やネズミ講に関する犯罪だとはみなされませんでした。「無限連鎖講の防止に関する法律」では、無限連鎖講を「終局において破綻すべき性質のもの」と捉え、これを禁止しています。しかし、エル・アンド・ジー社のポンジ・スキームでは、「円天」は毎年一〇〇％ずつ増えますが、円が同じように増えるわけではないので無限連鎖講にはなりません。

ともあれ、私たちが貨幣や疑似貨幣に対して持っている「慣習の自己実現」のメカニズムは、私たちの日常や社会を安定化させますが、同時に、集団心理を巧みに利用したこうした詐欺事件に利用されることもあるのです。

ペニー・オークション

円天事件のような疑似通貨を使用したものではありませんが、同じ頃に、ネットオークションを利用した、似たような性質の詐欺事件がありました。「Ｙａｈｏｏ！オークション」のような通常のオークションや競売で入札するには、会員登録手数料が必要な場合もありますが、入札一回ごとに手数料はかかりません。ところが二〇一二年、詐欺として告発された「ペニー・オークション（ペニオク）」では一回数十円と少額ですが入札手数料がかかるようになっていたのです。

「ペニー（ペンスは複数形）」とは、英ポンドの下位通貨単位（一ポンド＝一〇〇ペンス）です。入札価格が一ペニー、日本では一円からが始まるので、そう呼ばれたようです。ペニオクは激安価格でコンピュータや電化製品が買えるという謳い文句で一大ブームを巻き起こしました。ところが、多額の入札料だけとられていて、実際にはまったく買えないように仕組まれているのではないかと疑われていました。ペニオクで自分が欲しかった大型液晶テレビが通常の値段の一〇分の一で落札されているので、それに釣られて入札してみたら、何万円も手数料をかけたのにまったく落札できない、といった声が多く聞かれたからです。それでも、芸能人が安く落札できたという体験談をブログに載せていたので、多くの人が自分は運が悪かったのだと諦めていたのです。ところが、そうした体験談は、実際には買えていないのに買えたと偽る「やらせ」であることが発覚して、参加者が全員すっかり騙されていたことが明らかになりました。「ボット」という自動入札プログラムが落札する仕掛けになっていて、参加者が実際には安く買うことができない商品がほとんどだったのです。

芸能人などを利用して、人々を欺くといった手口は、円天事件と極めて酷似しています。円天事件もペニー・オクションも、それ自体は極めて杜撰《ずさん》なスキームで運営されていたにもかかわらず、人々のお金に対する欲望を逆手にとって実行された詐欺事件です。貨幣が持つ「観念の自己実現」の力は、時にこのような悪事においても発動されるのです。

考えてみれば、二つの事件において広告塔として利用されていた芸能人という存在も、貨幣と同じように、人々の観念の力によって「自己実現」し、偶像（＝アイドル）化されることで成り立つものです。複雑化、多様化したと言われる現代社会においても、私たちが持っている「観念」の力の現実化作用がいかに強いものなのかを、この二つの事件は物語っているのではないでしょうか。

4　ビットコインは何を物語るか

暗号通貨・ビットコイン

「ビットコイン」（Bitcoin：通貨単位はＢＴＣ）とは、二〇〇九年五月にインターネット上に現れたネットワーク型暗号通貨であり、それにより世界の誰とでも低コストかつ匿名的に決済取引を行えます。「コイン」といっても電子的情報であるビットにすぎません。しかし、それが匿名性を持つので金貨（コイン）のような現金性を持ち、また、後で説明するように、それはコインの材料として使われる金銀のように手間暇かけて掘り出さなければならないので、こう命名したのでしょう。

ビットコインが世界的に注目されたのは、二〇一三年三月のキプロス金融危機のときです。キプロス国民の預金と、キプロスをタックスヘイブンとして利用したロシアマネーが大量にビットコインへ換金されました。それまでビットコインの価格は一〇米ドル以下で推移していたのに、このため急騰して四月には二〇〇米ドルを超えました。さらに、中国人富裕層が人民元に不安を感じ始め、ビットコインへ一斉に換金し始め、一二月に中国人民銀行が利用を禁止しました。その時点で、価格は一〇〇〇米ドルに達しました。このように、ビットコインは「金《きん》」のように安定した価値を持つと考えられていたため、国家通貨への不安から資金の逃避が起こったのです。

この仮想通貨のユニークさは、その独特の通貨発行と取引の仕組みにあります。法定通貨である日本円は中央銀行により発行・管理されますが、ビットコインにはそうした中央組織は存在しません。

オープンなネットワーク環境下での電子マネーは通常「公開鍵暗号方式」と呼ばれる暗号技術を利用した「電子署名」を利用します。そのとき、電子署名で使われる暗号鍵の所有者を保証するために、信頼できる第三者機関が「電子証明書」を発行し「認証」する必要がありました。これに対し、ビットコインはそのような第三者機関による認証なしに、P2P《ピアツーピア》ネットワークを利用して発行や取引をすべて分散的に行います。中央組織の代わりに「Bitcoin-Qt（ビットコインクライアント）」と呼ばれるソフトウェアをインストールした世界中の何百万台ものコンピュータが相互に通信することで、こうしたP2Pネットワークを作り上げるのです。ビットコインは、分散コンピューティングによる巨大な計算能力と暗号技術を駆使して取引履歴データを絶えず更新し続けています。

では、ビットコインは、具体的にはどのような方法で、貨幣を分散的に発行・管理しているのでしょうか。

それが「マイニング（採掘）」という独特の方法です。パソコンと「マイナー（miner）」という採掘ソフトさえあれば、誰でも行うことができます。

その仕組みは次のようなものです。ビットコイン・ネットワーク上には、これまでのすべてのビットコインでの取引情報（トランザクションログ）が公開されており、これを「ブロックチェーン」と言います。ある人がビットコインで取引を行いたいとき、受取人や送金額などの取引情報がブロックチェーンに随時追加され、ブロックチェーンが更新されていきます。ブロックチェーンに追加されたことが確認されれば、実際の取引がネットワーク上で決済されるという仕組みです。

ただし、新たな取引情報をブロックチェーンに記録するためには、高度な演算処理を必要とするパズルを解く必要があります。このパズルを解くのが「マイナー」（採掘人）と呼ばれるコンピュータないしその所有者たちで、この作業を「マイニング」と言います。パズルを一番はじめに解くことができたマイナーがブロックチェーンに新たな取引情報を追加することによりビットコインが発行され、マイナーはそれを自分のものにすることができます。道具を使い、労力をかけて地面から金《きん》を掘り出すのと同じようなイメージです。

この複雑な演算処理を要する計算パズルは、ビットコインのネットワークのセキュリティや匿名性の強化のために設けられています。かりにビットコインを不正に入手しようとした人がいたとしても、ビットコインは、取引情報の台帳であるブロックチェーンに記録されることではじめて発行流通する仕組みなので、不正にビットコインを入手するためには世界中のすべてのマイナーたちよりも早く演算処理を行う必要があります。しかし、圧倒的多数のマイナーらの計算力を出し抜くことは現実的にはほぼ不可能です。こうして、貨幣の不正取得や複数回使用を阻止することができます。

また、ビットコインのすべての取引はブロックチェーン上でオープンにされているため、すべての取引を事後にトレースすることが可能で、不正がやりにくいシステムとなっています。さらに、発行量が増えるにつれて演算処理に伴う計算量が急激に増加するため、ビットコインの発行量の上限が二一〇〇万枚以下に抑えられるようにプロトコルに実装されています。このため、円やドルなどの国家通貨のように、中央銀行が通貨供給量を恣意的にコントロールし、インフレーションを引き起こすことができないと考えられていました。これはそうだとしても、別の問題は起きないのでしょうか。

ビットコインの問題点

図2は、一ビットコインの米ドル換算価格とブロックチェーンのサイズを表しています。ビットコインの価格は、二〇一三年一一月に一〇〇〇ドルを超えるピークを付けてから急落し、その後五〇〇ドルから七五〇ドルのあたりを推移しています。しかし、取引規模を表すブロックチェーンの大きさは一貫して上昇を続けています。

ビットコインは、四年ごとに供給量が半減する仕組みになっています。開始から四年以上経った二〇一四年四月の現時点で既に一二五〇万枚が発行され流通していますが、二〇一七年には総量の八七・五%、二〇三三年には九九%のコインが発行されるのです。つまり、今後発行額が極端に減るわけです。貨幣価値を安定させるのに、貨幣をこのように極端に希少なものにする必要が果たしてあるでしょうか。

図2の価格の推移を見てみればわかるように、価格は乱高下を繰り返しながらも、急速

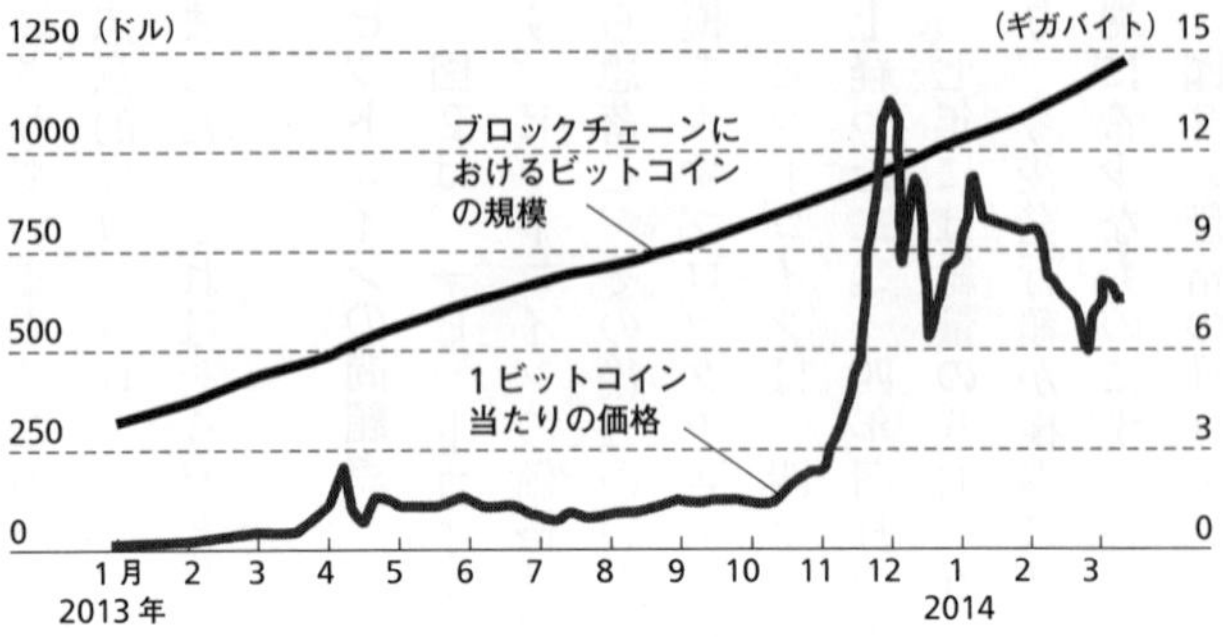

出典：英誌「エコノミスト」／ Bitcoincharts.com; Blockchain.info

図2　ビットコインの価格と取引規模

に上昇しています。貨幣価値が逓増《ていぞう》する、デフレーション型の通貨になっているのです。これでは、安定的な貨幣価値は得られないというべきでしょう。

うがった見方をすれば、その貨幣価値が右肩上がりになるように初めから設計されているのかもしれません。ビットコインの創設者や協力者は始めに発行されたビットコインを容易に保有することができますから、彼らは大きな値上がり益を期待することができるのです。

ビットコインの通貨発行・管理システムの考案者は中本哲史（Satoshi Nakamoto）という日本人（日系人とも言われる）です。二〇〇八年に"Bitcoin: A Peer-to-Peer Electronic Cash System"という論文を公表してビットコインのプロトコルを提示し、二〇〇九年に参照ソフトウェアを作りました。本人はビットコインの管理運営への関与を否定しているようですが、約一〇〇万ビットコイン（二〇一三年一二月末の相場で一一億米ドル）を保有しているとも言われています。発行額の上限は自分らに利益になるように設計されているのだとすれば、それが投機を助長することも予想済みであったということになります。今後このことはビットコインの大きな問題点となるでしょう。

広がるビットコイン

ビットコインは、二〇〇九年に登場した当初は、国家（中央銀行）が発行し金融機関を通して決済される中央集権型の通貨ではない分散型ネットワーク通貨として、P2Pの設計思想に共感したハッカーなど一部の人たちが利用していたにすぎませんでした。それで買える物などほとんどないので、あたかもネットゲーム内マネーでしかなかったといいます。しかしある時、誰かが一万ビットコインでピザを買うことができると、さらにいろいろな物品や情報が買えるようになりました。こうしてビットコインはそれで買える物の数を増やしていくことにより、その購買力を高めていったのです。

こうして、「貨幣が市場を作る」プロセスを経て、ビットコインは、その利便性から徐々に企業や一般の人々も決済や取引などに採用するようになります。やがて、ドルや円などの国家通貨とビットコインの交換がインターネット上の「取引所」で行われるようになりました。しかし、ビットコインによる決済は金融機関を通さないため手数料は発生しません。こうした決済上の利便性が高く評価され、二〇一三年四月には、その流通量はドル換算で一〇億ドルを超えました。こうして発行からわずか四年のうちに世界中で利用されるようになったビットコインは、その規模を急拡大していったのです。

ところがやがて、ビットコインはマネーロンダリングの温床となるとともに、オンラインでの賭博や薬物や銃器取引などに利用されている、といった負の側面が大きく報じられるようになりました。また、供給量に上限があるので価格の値上がりを期待して投機の対象となり、その価格が乱高下するなど為替リスクの要因ともなってきたことから、各国にとっても脅威的な存在として受け取られるようになります。中国では取引でのビットコインの使用は禁じられました。

二〇一三年年一〇月二日、ＦＢＩは、一般のインターネットからは見えないようになっている裏サイトである「シルクロード」を摘発しました。そこは、麻薬・覚醒剤、コンピュータ・ウィルス、偽造免許証・パスポート、殺人請負サービスなど多くの違法な商品がビットコインによって売買される巨大な闇市場サイトだったのです。これは、一人のハッカーが運営しているもので、犯罪組織の関与はなかったと考えられています。二〇一一年一月から一三年七月までに九五一万九六六四ビットコインの取引が行われ、シルクロードが得た手数料は六一万四三〇五ビットコインに達しました。運営者が逮捕された当時のレートで換算すると、取引額は一二億ドル（約一一八〇億円）で、手数料は七九八〇万ドル（約七八億円）となります。いかに巨額な取引が行われていたかがわかるでしょう。

二〇一四年二月、日本のネット上の大手取引所「マウントゴックス」が、顧客からの預かり資産約七五万ビットコインと自社保有分約一〇万の合計約八五万ビットコイン（当時の一ビットコイン＝五五〇ドルのレートで約四七〇億円）がシステムの脆弱性を利用した不正アクセスによって盗まれ、顧客から預かっていた現金約二八億円も消失して、債務超過に陥り破綻しました。大手取引所であったマウントゴックスの破綻によって、日本ではビットコインに対して懐疑的な見方が急速に広がりました。日本の財務大臣は「こんなものは長く続かない、どこかで破綻すると思っていた」と発言しています。

ただし、不正アクセスによりビットコインが盗まれたのは、あくまでもマウントゴックスのサーバーからです。ビットコインのシステム自体が根本的な攻撃を受けたというわけではありません。不正アクセスがどうして起きたのか、マウントゴックスという会社自体に問題はなかったのかどうかは今後明らかになることでしょう。現に、マウントゴックス破綻後も、ビットコインは流通し続けており、その価格も比較的安定しています。金融機関を通さずに、クレジットカードよりも低い手数料で海外への送金が可能なビットコインの魅力はいまだ健在なようです。

もちろん、ビットコインが闇サイトの摘発、価格の乱高下、大手取引所の破綻に見られるように脱税や違法行為の温床となり、投機的思惑が飛び交う市場を作り出したことは否めません。

国家通貨とは異なる、グローバルに利用可能な通貨が匿名的かつ安全であることは、これまでの通貨にないビットコインの優れた特性です。ところが、逆にそれが悪用されて事件になり、金儲けの手段として人が群がってきたのです。ただ物を切るためのナイフがおいしい料理を作るために使われることもあれば、人を殺すために使われることもあるように、ビットコインの技術は善用もされれば悪用もされるでしょう。しかし、ビットコインが悪用されたからと言って、その技術の善用の可能性までも否定してしまうのはばかげています。ビットコインで開発された技術やシステムはさまざまな改良や修正を重ねてこれからも使われて行くことでしょう。事実、アルファコイン、ファストコイン、ライトコイン、リップル等々、ビットコインの改良型とも言うべきネットワーク型暗号通貨が続々と登場してきています。さらに、この技術は通貨以外の方面における情報セキュリティにも広く利用されるにちがいありません。

ビットコインとフリーソフトウェア

ビットコインは、ポンジ・スキーム的な「円天」とはまったく性質を異にする貨幣と言えます。円天はエル・アンド・ジー社という企業主体によって通貨の発行・管理が行われており、会員からの協力金と同額の円天を毎年発行し続けるという節制のないルールに基づくものでした。先述したように、これはそもそも会員が一〇〇％以上増え続けなければ、破綻することが運命づけられているシステムです。それに対して、ビットコインは、無数のマイナーの働きによって通貨の発行・管理が行われており、その供給量もプログラムによってあらかじめ一定の量を超えないように設計されています。

すでに、お気づきの方もいるかもしれませんが、ビットコインの仕組みは、「フリーソフトウェア」と極めてよく似ています。「フリーソフトウェア」とは、ソースコードが公開されており、すべての人に使用・コピー・配布する許可が与えられているソフトウェアであり、プログラムも入手・改変可能なものです。ＯＳのリナックスがウィンドウズに比べて優れているのは、その開発環境のオープンなあり方がバグ取りや品質向上などに大きく貢献するからだと言われました。この点を強調して、フリーソフトウェアは「オープンソース・ソフトウェア」と呼ばれることもあります。

フリーソフトウェアは、独占的な著作権（コピーライト）に反対する思想に基づいて生まれたもので、フリーソフトウェアの考え方は「コピーレフト」とも言われています。プログラムを改良するハッカーたちは、ソフトウェアの知的財産権から得られる利益ではなく、他のハッカーからの評判や尊敬、自らの創造の喜びを求めてこのプロジェクトに参加しています。ビットコインの設計思想は、フリーソフトウェアとＰ２Ｐにあると言えます。ビットコインのマイナーたちもマイニングによって対価を得ることだけでなく、その自由主義的で非中央集権的な設計思想への共鳴から参加しているように見えるからです。

ビットコインが切り開く未来：貨幣の脱国営化と競合通貨

ビットコインの技術的革新性は、オープンソース的な公開性やＰ２Ｐネットワークを利用するセキュリティ技術にあるだけではありません。むしろそれは、「採掘」という独自な方式が、通貨発行、取引決済、履歴情報の更新・保守という通貨関連業務へ参加する経済的インセンティブをユーザーに与えた点にあるとも言えます。マイナーはビットコインを手に入れるための「採掘」というサービスを提供するわけですが、そうすることで実は二重の貢献をしています。すなわち、一方でビットコインという通貨システムのメンテナンス・サービスに協同で参加し、他方でビットコインのユーザーを増やすことで規模を拡大し、通貨としての購買力を高めているのです。通貨を持続可能にするためには、通貨の発行管理業務を持続的に行いつつ、それで買えるアイテムとそれを使うユーザー数を増やしていく必要があります。ビットコインはこの二つを同時に達成する手法を提供したといえます。

これまでの分散的コンピューティングの事例としては、たとえば、アレシボ天文台の電波望遠鏡で観測される電波の中に地球外知的生命体からの無線信号がないかどうかを探索することを目的とした「SETI@home」が挙げられます。このプロジェクトは、知的生命体とのコンタクトに興味を持つネットコミュニティに呼びかけ、数百万台のパーソナルコンピュータによるデータ分析結果を返してもらうことで、最新のスーパーコンピュータに匹敵する分析を達成しました。しかし、これは、参加者が自分のパソコンの計算能力を無償（知的好奇心の満足を除けば）で提供する「ボランティア・コンピューティング」でした。これに対して、ビットコインは、ビットコインという貨幣をコンピュータの計算能力に対する対価として提供する「インセンティブ・コンピューティング」を実現したといえるでしょう。こういう仕組みに加え、国家通貨との換金可能性という強い経済的インセンティブを付与したからこそ、分散的コンピューティングを駆使した通貨システムがこれだけ広まったのではないでしょうか。

ビットコインのこうした世界的な普及は、いったい何を意味するのでしょうか。

一言でいえば、集権性を核とする国家通貨や地域統合通貨が支配的である現状において、P2P型分散的ネットワークを活用する民間通貨がそれらと競合しうる世界がリアリティを持ち始めたということです。円やドルのような国家通貨は国家の権力や法律という後ろ盾を持ち、中央銀行が多大な労力やコストをかけて発行管理するのですから、きわめて大きな購買力を持つ強い通貨です。これに対して、市民や企業、団体などがビットコインの負の側面をうまく克服し、「採掘」をビルトインした民間通貨を独自に普及させれば、国家通貨と競争することが可能になってきたことを物語っているように思います。

かつてオーストリア出身の経済学者ハイエクは『貨幣の脱国営化論』(一九七六)で、貨幣の非国営化(貨幣発行自由化)と競合通貨(通貨競争)を提唱しました。それにより、多数の国家通貨と多数の民間通貨が競争すれば、悪貨が駆逐され良貨が生き残ることになり、こうした貨幣進化の方向性は現状より望ましいと考えたのです。ハイエクは、国家通貨は社会福祉や戦争遂行のための財政膨張という事情からインフレーションを引き起こし、財政赤字や国家債務を帳消しにしがちな悪貨となることが多いと考えていました。ハイエクには思いもよらなかったかもしれませんが、彼の本が出された四〇年前には存在していなかったインターネットのような情報通信技術の発達とP2Pやフリーソフトウェアの普及が、よりよい品質の通貨を選択することができる通貨間競争を可能にしたのです。

「アベノミクス」が無限の通貨供給も辞さない覚悟でインフレターゲットを実施しているのを見るとき、このハイエクの指摘は的を射ていると考えるべきではないでしょうか。また、ビットコインが広まったのは、国家通貨の危機に対する市民の対抗手段として用いられたからだということも忘れてはなりません。そして、すでにある電子マネーやコミュニティ通貨もビットコインの技術やシステムのメリットから学び、一定のニッチを確保すべく競争に入っていくことになるでしょう。

5 貨幣の「情報化」は何を意味するか

貨幣の二つの流れ：情報化と信用貨幣化

円天という疑似通貨、ビットコインというネットワーク型暗号通貨についてふれましたが、ここで、現代にいたるまでの貨幣の発展史における二つの方向性を整理してみます。

貨幣は、穀物や家畜から、貴金属（金・銀）、鋳貨、紙幣、手形、小切手、プラスティックカード、電子マネーへと変化してきました。情報技術を駆使した電子マネーでは、価値情報は電子信号として通信・記録されますが、私たちはハードウェアやソフトウェアを介さなくてはその価値を表す数字すら目で見ることができません。

このように、貨幣はその素材の性質や希少性に依存しない情報やデータ、あるいはそれらを処理するプログラムへと近づいており、いわば「もの」の部分を徐々に捨て、「こと」として純粋化しつつあります。これは「脱物化」とも「情報化」とも言えます。

貨幣は、これまで見たように、それを使う主体の側における「観念の自己実現」によって成立するばかりか、その客体自身が情報化・プログラム化しています。さきほど紹介したビットコインなどは、まさに貨幣の情報化の最新形態と言えるのではないでしょうか。

もう一つの流れは貨幣の「信用貨幣化」です。貨幣の中核部分は、鋳貨（本位貨幣）から手形、兌換銀行券、預金通貨（一覧払債務証書）、不換銀行券（請求権なき債務証書）へと変貌を遂げました。つまり、金や金貨のようにその素材そのものが価値をもつ「本位貨幣」から、負債の存在を証明し、その返済を約束した「信用貨幣」へと変化したのです。しかも、債務証書である貨幣が兌換制から不換制へ移行したことで、負債が返済義務のない有名無実なものになりました。この傾向は、先ほど述べた「情報化」と関連するもの の、別の事柄です。なぜなら、それは貨幣の素材ではなく、貨幣・金融システムにおける変化を意味するからです。

信用貨幣と信用創造

日本の現行法定通貨は二つに大別できます。これら二つは同じ「円」という度量単位を持っているにしても出自と性質を異にします。

一つは、私たちが財布の中に持っているお札や硬貨などの「現金通貨」です。お札は日本銀行が発行する日本銀行券、硬貨は日本国政府が発行する補助貨幣です。現金通貨は財務省の印刷局や造幣局で紙や金属を原料として製造され、いずれも日本銀行を窓口として一般の経済社会に出ていきます。日本銀行券は日本銀行の負債証書の一種であると見ることができます。

しかし、これは不換紙幣ですから、日本銀行がその提示を受けて本位貨幣で返済する（兌換する）必要はありません。にもかかわらず、日本銀行券は民間主体間の債務を決済し、民間主体が政府への租税を支払うための現金通貨として通用するのです。

もう一つは、私たちが銀行の口座に持っている残高、つまり「預金通貨」です。預金通貨は現金通貨のような紙や金属という形を取らず、通帳の上に印刷されたり、コンピュータ上に記録されたりする単なる数字にすぎません。預金通貨は預金者が民間銀行に預けている預金のうち、要求すれば直ちに払い戻される普通預金や当座預金などです。現金通貨をこれらの口座に預金すれば預金通貨になり、預金通貨を引き出せば現金通貨になります。

その一方で民間銀行は、こうした要求払預金の一部を支払のために準備しながら、企業や個人への貸付を行うことによって、「ハイパワードマネー」（現金と準備預金の合計）の何倍もの預金通貨を創り出すこともできます。これが「信用創造」です。

現代の信用貨幣は、中央銀行券などの現金通貨と、民間銀行の債務証書である預金通貨とにすでに二重化していますが、後者は、景気や資金需要の変化に応じて大きく膨張したり収縮したりする部分で、市場経済の不安定性を増幅します。一九八〇年代後半のバブル経済も、民間銀行による信用創造が土地や株への投機資金を大量に提供したことによって形成されたのです。

二つの流れが意味する貨幣の本質

マルクスはかつて「人間の解剖は猿の解剖の鍵である」と述べました。人間を理解することがその進化上の祖先たる猿を理解するための鍵になるという意味です。これを貨幣の進化に当てはめるならば、「現代貨幣の解剖は貨幣一般の解剖の鍵である」と言えるでしょう。それゆえ、現代貨幣に見られる二つの流れ――「情報化」と「信用貨幣化」――こそ、私たちに貨幣の本質を教えてくれるはずです。

まず、貨幣の情報化は、貨幣が物理的な「もの」ではなく、「観念の自己実現」により成立する社会的な「こと」であることを物語っています。貨幣は、その素材が価値を持つ「もの」でなくとも、それ自身が価値を表示する「こと」であれば、つまり、一定の度量単位を持つ「価値尺度」(貨幣の二つめの機能)であればよいのです。

そして、貨幣の信用貨幣化は、貨幣が物と物との交換を媒介するための「交換手段」から価値の移転ないし債務を記録する「債務証書」へと変化していることを示しています。この「債務証書」としての貨幣は、それで物を買うことができる「購買手段」や価値を貯めることができる「蓄積手段」になります。さらに、それが物の売買を円滑に次々と媒介していくならば「交換手段（流通手段）」としても機能します。その場合、貨幣が移動するのと反対方向に物やサービスが移動するときに、そこに商品売買が生じ、市場が生まれます。

この価値の基準を備えた「債務証書」としての現金通貨や預金通貨は、現代貨幣の本質を体現するものなのです。

貨幣が変われば市場が変わる

先ほど、ビットコインとフリーソフトウェアの類似性について述べましたが、じつは、そもそも市場の仕組みとインターネットの仕組みが、非常によく似ています。

インターネットでは、大量の情報を高速でやり取りするために、データを小さな単位（パケット）に分割してから、それを小包のようにバケツ・リレー方式でさまざまな経路で目的地へと転送する仕組みがとられています。じつは、市場において、これと同じようなことを行っているのが、貨幣だと考えることができます。

第一章で詳しく見たように、一般に現実の市場では、多数の参加者が特定の時間と場所に集まり、「競り」によって商品価格を決めて売買を行うような「集中的」な取引所は必ずしも一般的ではなく、むしろ、コンビニやデパートなどの店頭におけるように、買い手と売り手が一対一で定価による売買を行う場合の方が圧倒的に多いのです。さまざまな時間と場所で行われるこうした相対取引を総体として眺めれば、それは取引所のような中心がない「分散的」の市場を構成していることがわかります。もし貨幣がなければ、売りや買いを一回ずつ行うことはできませんから、「分散的」な市場は成立しません。貨幣はこのような「分散的」な市場を作り出すメディアとして機能していると言えます。

つまり貨幣とは、市場において無数にいる個人個人が、売りや買いといった行為を独立してバラバラに行えるようにするために、価値を貨幣という単位（小包）に換えて、買い手から売り手へとそれを転送するための情報媒体と考えることができます。

貨幣自身が価値の担い手になることにより、商品の売りと買いを相互に独立したものとして切り離し、それをインターネットにおけるパケットのように伝達していきます。このため、貨幣を持っている買い手は、任意の場所で、任意の時間に、任意の商品を買う（あるいは買わない）自由を持つことができるのです。商品の売り手も、貨幣によって自らの情報と判断から価格を付けて販売する自由を持つことができます。

貨幣が存在することによって、物々交換のときに見たような「欲望の二重の一致」は必要なく、貨幣の存在が売り手と買い手の自由な意思決定を確立していると言えます。市場とは、こうした無数の売り手と買い手が貨幣というメディア（価値情報）を媒介にして行った相対取引が集積している分散的ネットワークと考えることができます。

このように見てくると、貨幣とは、市場において交換を行うための便宜的な手段ではなく、無数の売買が成り立つ市場というネットワークを作っているメディアであることが、あらためてわかってくるでしょう。

インターネットにおいて、パケットというメディアが自由で独立した分散的ネットワークを可能にしているように、市場においては貨幣というメディアによって自由で独立した分散的ネットワークが可能となっているのです。

ですから、もし「貨幣が市場を作っている」のだとするのならば、「貨幣が変われば市場も変わる」とも言えるのではないでしょうか。

第三章　貨幣につきまとう病

——バブルとお金の関係

1　人間の同調願望が生み出すバブル

　これまで、貨幣や市場についていろいろな角度から見てきました。しかし、これは実は基礎編で、次の応用編に行くための準備作業であったのです。貨幣と市場という二人の主役がそろったので、いよいよバブルの話をすることにしましょう。ここでも、ポイントとなるのが、第二章で説明した「観念の自己実現」です。

「バブル」という言葉

　若い人たちはまだ生まれていなかったり、記憶にないという場合もあるでしょうが、今日「バブル」という言葉を私たちが耳にするとき、まっさきに思い浮かべるのは、一九八五年から九〇年まで続いたいわゆる「平成バブル」でしょう。

「バブル」という言葉は、一九九〇年代には、流行語大賞といっても過言ではありませんでした。この間、「バブルがはじけた」や「バブル経済崩壊後の不況」といったフレーズを何度耳にしました。しかし、いまやすっかり市民権を得たこの言葉も、バブル真っ最中の八〇年代には、経済理論や経済史の一部の専門的文献を除けば、ほとんど使われていませんでした。株式用語にも、「ガラ（大暴落）」はありましたが、「バブル」はなかったはずです。

試しに、日経四紙（日本経済新聞、日経金融新聞、日経産業新聞、日経流通新聞）に掲載された記事件数を調べたあるレポートを見てみると、「バブル経済」というキーワードを含む記事件数は九二年にピークに達し、その後は減少しています。これに対して、「バブル崩壊」の方は、九二年以降九七年のピークをはさんで九八年頃まで一貫して高い頻度で使われてきました。つまり、九〇年代を通じて「バブル」という言葉はずっと流行《はや》っていたのですが、前半から後半へとその使われ方が明らかに変化しているのです。

「バブル経済」に、八〇年代後半までは羽振りがよかったなあと懐かしむ気分が入っているとすれば、「バブル崩壊」には、九〇年代以降の長期不況（「失われた二〇年」とも言われています）の元凶はバブルにあったというように、当時を非難する意味が込められているわけです。

「バブル」という言葉の流通（流行）そのものが、いわばバブルの仕組みを表しているのではと考えさせられます。実際、バブルの発生から崩壊へと、人々の気分は気づかないうちにガラリと変わってしまうのです。

平成バブルについて

「平成バブル」といっても、すでに四半世紀以上も前のことですから、若い読者の中には、その実態がどのようなものだったのか、わからない人も多いでしょう。まずは「平成バブル」について、簡単におさらいしておきましょう。

一般に、「平成バブル」は、一九八五年九月のプラザ合意による急速な円高（一ドル＝二四二円から一二五円へ）に対応するための、日銀の低金利政策によってスタートしたと言われています。日銀は円高対策として、史上最低の公定歩合二・五％を八七年二月から八九年五月まで維持します。この日銀の金融緩和政策によって、投機や財テクに対する企業や家計の関心が高まり、また戦後日本を支配していた「土地神話（地価は右肩上がりで、下がらない）」にも支えられ、株や地価が急騰していきます。銀行も土地を担保に融資を拡大、株や土地を購入した企業や人は地価高騰の含み益による安心感からさらに土地や株への投機熱を高めていきます。

こうして、株価は一九八九年一二月二九日の日経平均で史上最高値の三万八九五七円四四銭、地価は東京の山手線内の地価合計額でアメリカ全土を買うことができるほど高騰します。ロールスロイスなどの超高級車やブランド品が飛ぶように売れ、ゴッホやルノワールなどの名画を日本人がオークションで買いあさったことなども話題になりました。

しかし、いつの世もそうですが、バブルの崩壊は突如やってきます。一九九〇年一月以降、東証の株価は暴落。また、あまりにも急激な地価高騰に危機感をもった政府は土地融資に関する規制を強化、日銀も公定歩合を六・五％にまで段階的に引き上げていきます。株価は、一九九二年の春にピーク時の半分の二万円も割り込み、その後も下落を続けていきました。

バブル崩壊によって、約一三〇〇兆円といわれる膨大な資産評価損が生じ、銀行は大量の不良債権を抱えます。銀行の貸し渋りによる企業の倒産が続出し、失業者は増大、物価も下落するという「デフレスパイラル」状況に日本は突入することになります。一九九〇年代以降は、日本はほぼゼロないしマイナス成長を続けました。

以上が「平成バブル」の教科書的な説明です。

ですが、これでは、人々がなぜ土地や株に熱狂をしたかについての外的条件の説明にはなっていても、なぜこれほどまでに当時の人々が常軌を逸した行動（と、現在の私たちには思えてきます）をとったのか、その根本的な要因については、なんの説明も与えてくれません。

バブルとは何か？

バブルとはいったいなんでしょうか。

それを投機や博打といったリスクの高い営みに関わる特殊な輩の貪欲さが引き起こした「身から出た錆《さび》」として片づけることはできません。むしろ、貨幣経済においては、けっしてそれほど特異な現象ではありません。ごく普通の人間が日常的に経験している「観念」によって生じる集団現象として理解すべきなのです。

そう、バブルは、貨幣のところで見た「観念の自己実現」と同じような現象としてとらえることが必要なのです。第二章で述べたように、市場を作る貨幣自体が「観念の自己実現」で成り立っているのだとすれば、その市場が生み出すバブルも、実は似たような原理、集団心理のメカニズムから説明できるはずです。

北米のネイティブ・アメリカンのクアキトル族、トリンギット族、ハイダ族などでかつて行われた「ポトラッチ」と呼ばれる儀礼的な贈与交換があります。そこでは、貴重な財をできるだけ気前良く仲間に与えあい、自分の宝物を破壊してしまうことすらあります。そのとき、人々は熱狂し、ほとんど狂乱状態に陥ったといいます。

バブルはかなり発達した市場経済の中でしか発生しません。しかし、参加者の間で株や土地などの資産が人から人へと持ち手を替えながら価値が高騰していくプロセスでバブルが発生し、その崩壊がいつも価値の破壊を伴うクライマックスを迎えるという点で、それはポトラッチ交換に似ています。

ポトラッチはある種の集団催眠ともいえるのですが、その根底には、人と人とのコミュニケーションにおける同調作用があるようです。おそらくバブルにも同じような人間心理のメカニズムが働いているはずです。

人間の利己的欲望と同調願望が生み出すバブル

ところで、英語の「バブル」(bubble)とは、日本語で「泡」のこと。洗剤を付けたストローで少しずつ息を吹き込み膨らませてやると、ふわふわと飛んでいく、誰もが子供の頃に遊んだあのシャボン玉を想像すればいいでしょう。それは非常に薄い洗剤の膜に被われた空気の玉ですから、永遠に存在しうるような代物ではありません。遅かれ早かれ「屋根まで飛んでこわれて消える」運命にあるわけです。

バブルとは、株や土地など資産の価格がなんら経済的裏づけがないまま異常に上昇し続ける事態を指しています。しかし、ただ単に、資産価格が全般的に上昇するだけではバブルとはいえません。バブルの特徴は、経済の実体的な価値から離れて、資産価格がどんどん上昇していく点にあります。かといって、どの程度の値上がりが「異常」であり、「実体的な価値」とはどのくらいなのかが誰にもわからないというのも、バブルのもう一つの特徴です。

バブルをもう少し厳密に定義しようとするならば、実物的な観点から資産価格の理論値を計算し、それと現実の価格との乖離《かいり》をバブルとする必要があります。

たとえば、株には配当、不動産には地代や賃貸料、債券には利子といった収入（インカムゲイン）が付きますが、将来にわたって予想される各期の収益（収入－費用）を長期利子率等で割り引いて現時点での価値に換算したものは「現在価値」と呼ばれます。一般に、資産価格の実体的な理論値とは、このことを意味します。しかしそうはいっても、これは仮想的な価格であり、現実の価格ではないのですから、人々が実感できるわけではありません。どんどん値上がりしているときに、いくらこれが理論値だといっても、ほとんど誰も耳を貸さないのが普通でしょう。

バブルが膨《ふく》らむプロセスでは、ちょうど「平成バブル」のときのように、市場参加者みんなが豊かになったような錯覚を覚えるものです。だが実際には、バブルはみんなで豊かになろうという協調的な考えに基づいて生じるわけではありません。むしろ、そこには、自分だけが他の人々を出し抜いて手っとり早く儲けたい、あるいは、どんどん値上がりするからその好機を逃したくないし、自分だけトレンドに乗り遅れて損をしたくないという、人間の利己的欲望と同調願望がない交ぜになった混合物があるばかりです。

しかも、それが破裂するプロセスでは、最終的に市場でうまく売り抜けた者だけが儲けることができるというのが過酷な現実です。失敗した個人や企業は自己破産したり、倒産したりします。バブルが膨らみ弾けるときには、誰かが儲かれば、その裏で必ず他の誰かが損をしており、その損得の合計はゼロかマイナスになっているのです。ゼロサムかマイナスサムこそ、バブルに特有な現象なのです。

バブルと進化論

バブルは何もごく最近の新現象というわけではありません。

世界史を繙《ひもと》いてみれば、古今東西、市場と商業がある程度発達している経済のいたるところで、バブルが発生し破裂していることがわかります。エドワード・チャンセラーの『バブルの歴史』という本には過去の事例について詳しく書いてあります。それらは、教訓や風刺を含んだ多くの寓話を提供してくれていますが、何度も同じ過ちを繰り返しているところを見ると、人間はどうも歴史から学ぶということが苦手な動物のようです。

一九世紀初頭、ラマルクは、「キリンとはかつて普通の長さの首をもつウマの一種に過ぎなかった」という進化論を発表しました。進化論というと、ダーウィンの適者生存と自然淘汰の理論が有名ですが、ラマルクはダーウィンより前のフランスの博物学者です。

彼によると、キリンの首が長いのは、次のような何世代にもわたる長い進化の過程の結果によるものだといいます。その昔、キリンの先祖であったウマは木の高い部分にある葉を食べていましたが、そのうちちょうどよい高さの葉を食べ尽くしてしまいました。そこで、さらに高いところにある葉を食べるために思いきり首を伸ばしていたため、次第に首が伸びました。子供が葉を食べるためにはさらに少し首を伸ばさなければならず、こうして何世代にもわたって首を伸ばすという習性が重ねられていくうちに、キリンの首があれほどまでに伸びてしまったというわけです。一つの世代が、後天的に学習して身に付けた性質は「獲得形質」といいますが、獲得形質が親から子供へと先天的な性質として遺伝することにより生物は進化すると説明しました。この場合、キリンの少し長くなった首が獲得形質です。

話が少々脱線しましたが、バブルの歴史を見ていくと、人間は、投機で痛い目にあってても自分だけが儲けたいという欲望を抑制するような獲得形質を祖先から受け継いでいないのでしょう。そう思いたくなるほど、世代が変わると、懲りもせず同じバブルの物語を繰り返しています。

戦争の悲惨な体験や記憶がない世代が再び戦争を起こす、とよく言われますが、これはバブルについても当てはまります。もし人間に利己的な欲望が先天的にインプットされていて、それが決して変わらないとするならば、道は二つしか残されていません。一つは、ルールや法律などの社会的な手段でそれを抑止すること、もう一つは、首をほんの少し長くするために歴史の教訓から学ぶ努力を続けることです。

ちなみに、私自身は、純粋な意味では、利己的な人も利他的な人もいないと考えています。人間はさまざまな矛盾する要素を抱え込んだ複雑な存在ですが、それは、その人の生まれ育った環境や制度、生まれてから得てきた知識や経験によるものです。人は周りの人々、自分の経験などさまざまなことから学びうるし、知識や知恵は世代を越えて伝達して行くはずです。たとえそこから本当に何かを学びとることはとても難しいことだとしても——。

「イソップ物語」は、ギリシアのアイソーポスが作った寓話やそれ以前から伝承されていた寓話などを集めたものだと言われています。それは何世代にもわたって語り継がれ、いくらかのウィットとユーモアと教訓を含んでいます。本当の寓話はつねに辛口で毒が利いていて、大人向きにできているものです。流行、トレンドがあまりにもすばやく流行り廃れていく現代に生きる私たちが健忘症にかからないようにするためには、おそらくバブルにおける「イソップ物語」をもう一度おさらいし、そこに盛られた毒を味わってみる必要がありそうです（以下、ジョン・トレイン『金融イソップ物語』を参考にしています）。

2　歴史上の様々なバブル

チューリップバブル

人類はこれまで幾度もバブルを経験してきました。私たちも、日本の平成バブルやアメリカのＩＴバブル、最も最近ではサブプライムローンによるバブルを経験しています。大衆の投機によって、ある商品の価格が急騰・暴落する例は、歴史上、非常に古くから見られます。

フランスでは、九つもの教会が「キリストの包皮」といわれる得体の知れない代物を手にいれるために競って大金を注ぎ込んだと言われています。また、ユニコーンと呼ばれ伝説の聖なる動物と言われたイッカクの角は、それで作った杯が毒を中和すると信じられていたため、毒殺を恐れる各国の王室がそれに巨額を投じたとも言われています。

まず、今日まで完全に記録が残されている最古の事例を見ましょう。これは、いまから四〇〇年近く前、オランダで実際にあった話です。それは、光り輝く黄金でも不動産でも株式でもない、どこにでも転がっていそうな植物の球根の話です。それはチューリップの球根です。お金のためならば、球根というものにも熱狂してしまうのが私たち人間なのです。

チューリップは、地中海の東部以東に原生するユリ科の植物で、その亜種は約一六〇にも上ります。その語源はトルコ語でターバンを意味する「テュルバン」から来ているようです。それが、西欧に初めて輸入されたのは一六世紀のこと。一六世紀半ばにトルコを訪れた旅行者が、チューリップの美しさに惹かれウィーンへ持ち帰ったところ、たちまち評判となり、二、三年のうちにドイツ、ベルギー、オランダへ伝わりました。トルコからオランダに初めて輸入されたのは一五五四年です。

一五九三年にフランスのクルシウスがライデン大学でチューリップの美しい花の栽培に成功して以来、その異国情緒あふれる美しい花は高い評価を受け、チューリップ栽培が王室や華族の間で名誉なこととされるようになったのです。

チューリップ栽培では、ごくまれに突然変異によって新種を生み出すことがあります。栽培家は、珍種という幸運がいつやってくるかを期待して栽培園を歩き回っていました。というのも、珍種の花がいままでにない美しいものであれば、その球根を増やし、高値で売りさばくことができるからなのです。特に美しいチューリップの花がことさらに珍重されたため、希少な品種の球根が、投機の対象となっていきました。

なぜチューリップが？

チューリップは、一七世紀の初頭にまずフランスで、ついでオランダで大流行しました。アムステルダムではすでに株式市場が開設されていましたが、そこにこの球根も上場されたのです。ロッテルダムやライデン、その他の都市にもチューリップの球根のための常設市場ができました。

チューリップの取引は球根の売買という形態で主として冬に行われていました。一般的には、取引を行いたい者が球根に花の標本を付けて、業者仲間の出入りする宿屋や酒場に持ち込みます。たとえば、そこで、以前に五〇〇ギルダーで買った「トロンプ将軍」という品種の球根に差額として現金二〇〇ギルダーを加え、「ボル将軍」という品種の球根と交換したりするわけです。

取引所のない小さな町では、大きな居酒屋に何百人もの人々が集まって取引しました。食卓やサイドボードの上など、あちこちに飾られた色とりどりの満開のチューリップが雰囲気を盛り上げたため、それはさながら大晩餐会のようでした。

また、何か月も先の翌春に現物を引き渡す先物取引も導入されていました。ほとんどの人々は現物を将来引き取るためではなく、それを期限までに転売して利鞘《りざや》を稼ぐことだけを考えていたため、投機性は強まっていきました。当時のオランダでは、このような売買行為は「ヴィトハンデル」と呼ばれていました。これは、空気取引、今日でいう「空商《から》い」のことです。

こうしたチューリップ取引には、最初から問題が絶えませんでした。売買契約の履行を保証する会員業者制度はありませんでしたし、先物取引の現物受渡しのときの球根がはたして契約通りの品種であるのかどうかは、花が咲くまでわからなかったからです。こうした事態に対処するために、新たな法律が制定され、チューリップ関係専門の公証人制度が設定され、また、取引が許される地域も指定されました。バブルが膨らむにつれ、制度の方もそれなりに整備されていったわけです。

チューリップ狂はこうして次第に準備されていきました。

加熱するチューリップ狂

ドイツでは三〇年戦争が続いていた一六三〇年代の半ばになると、貴族だけでなく、市民、農民、職人、水夫、従僕、召使、さらに煙突掃除人や古着屋のおばさんといった一般大衆までもが市場に参加するようになり、投機熱は一気に高まりました。一般大衆の参加がバブルの条件であるというのは、今も昔も変わりません。日本の平成バブルも、アメリカのサブプライムローン・バブルも、投資家や企業だけでなく、一般大衆が自分の稼ぎから考えると分不相応なお金を投資につぎ込むのは、だいたいバブルが弾ける直前なのです。

グローバル化した現代では、バブルの匂いを嗅いだ外国人投資家たちも、いまこそ稼ぎ時とこぞって参入してきますが、チューリップバブルも多数の外国人がこの投機に加わり、オランダに資金が流入してきたため、日常品や土地、建物、馬と馬車、その他のあらゆる奢侈品の価格も次第に上昇していきました。こうして、物価の急速な上昇が起こっていきます。

球根の価格は際限なく値上がりし続け、この相場に人々が付いていくために家屋敷を担保にした借金で買いに回り、それが相場をさらに引き上げました。ちなみに、一六三六年には、球根一個は、馬と馬具をすべて備えた二頭立ての新品の馬車一台と交換されるまでになっていました。当時の馬付馬車一台が、どの程度の価値を持っていたかは定かではありませんが、現代の高級乗用車以上に高価な品物であったことは間違いないでしょう。まさにバブルの膨張です。

「バイスロイ」という球根一個を手に入れるためには、牡牛四頭、豚八頭、羊一二頭、ライ麦四車、小麦二車、ワイン二樽、ビール四樽、バター二樽、チーズ五〇〇キロ、家庭用品一式が必要でした。いったい、現在の貨幣価値でどのぐらいになるか見当が付きません。

また、ある水夫が、たまねぎだと思って間違えて食べてしまった船荷の中にあった「センパー・アウグストゥス」という球根の値段は、バイスロイ種の約二倍の現金に加え、馬付馬車一台の値が付いたというから驚きです。

さらに、当時の熱狂ぶりを伝えるこんなエピソードもあります。ハーグ市にすむ靴屋は自宅のチューリップ園で、品種改良の苦労を重ねた結果、ついに黒いチューリップを咲かせることに成功しました。この話をどこかから聞き付けたハーレム市の栽培業者がこの靴屋を訪れ、この球根を買い取りたいと申し出ました。この靴屋は一五〇ギルダーという高い値で売ることができたのですが、売れてホクホク顔の靴屋の目の前で、この業者は、いま買い取ったばかりの球根を地面に投げつけ、踏み潰してしまいました。

子供のように大切にしてきた球根をグシャグシャにされて茫然自失の靴屋に対して、この栽培業者は平然とその理由を述べたのです。実は自分も黒いチューリップの球根を一つ持っているので、その希少性を守るためにその球根を処分してしまわなければならなかったのだ、と。その球根が何倍、いや何十倍もの価格で売れたに違いないことを知ったこの靴屋はショックで死んでしまったというから、情けなくなります。

お祭り騒ぎの最高潮が終わりの始まり

このお祭り騒ぎのような投機熱が最高潮に達したとき、その終わりもやってきます。一六三六年になって、一部の人々が売り始めたのをきっかけに、売りが売りを呼ぶパニックが発生しました。価格はたちまち奈落の底へ落ちていくように暴落を続け、屋敷や土地を担保に借金をしていた人々、あるいは球根を担保に借金していた人々は破産に追い込まれました。こうして、当時、世界の商業的中心地であったオランダの経済は深刻な打撃を受けることとなりました。

興味深いのは、このチューリップ狂がオランダの経済的な繁栄期に起こっているということです。この後、オランダは、一六五二年から英蘭戦争で海上権と植民地を英国と争いましたが、結局、イギリス優勢のまま講和しました。オランダの軍事的覇権と経済的繁栄の衰退がここから始まったのです。

一九二九年のニューヨーク株式市場の大暴落も第一次大戦で世界最大の債権国になったアメリカ経済の繁栄の絶項期に起こっています。思えば、「平成バブル」の崩壊の始まりを告げた、一九九〇年の東京株式市場における大暴落も、一九五五年から約三五年続いた日本経済の長期的繁栄期の項点だったといえるでしょう。当時、「ジャパン・アズ・ナンバーワン」ともてはやされ、カンバン方式、ＱＣといった日本企業の集団主義・現場主義を世界中の国が評価していた時代でした。日本が最大の債権国であったというのもアメリカと同じです。驕《おご》れるのものは久しからず、これはいつの世も変わらぬ理《ことわり》のようです。

オランダでは、このチューリップ狂の一〇〇年後に、「夢よ再び」とばかりにヒヤシンス狂が起こりました。チューリップの球根に続く二番煎じの投機の対象としてなぜヒヤシンスの球根が選ばれたのか定かではありませんが、この時オランダはすでに下り坂にあったため、バブルの大きさも前回ほどではありませんでした。

また、ヒヤシンス狂では、前回のチューリップ狂事件の記憶がまだ新しく、さまざまな警告が出されていました。にもかかわらず、同じ投機熱が再発したわけです。

その後、歴史上何度もバブルが繰り返されてきたのを知っている私たちからすれば、これはなんだか「世代が変われば人は同じ過ちを繰り返す」という真理を見事に証明しているように思います。

チューリップバブルから四〇〇年近くたった今の時代にもバブルがなくならないのは、人間が昔からそれほど変わっておらず、人間が歴史から学ぶことは難しいからなのでしょう。

ジョン・ローという男

オランダに続き、一八世紀の初めには、フランスとイギリスでバブルが発生しています。フランスのバブルは、スコットランド出身のジョン・ローという男が主人公でした。ジョン・ローの生み出したバブルは、彼が考案した金融システムがある時期までうまく作動した結果、発生したものです。

ローは、一六七一年に、金細工師の息子として生まれました。当時の金細工師は、通貨の保管・貸付業務、いまでいえば、銀行のような業務を行っていました。ローは、若くしてロンドンに遊学し、銀行や金融について勉強しました。しかし、彼はまたプレイボーイ、無類の酒好き、賭博師であり、「伊達男ロー」としても知られていました。
ところが、この遊学は一六九四年のある事件により中断されることになります。ローはたくさんの愛人を囲っていたのですが、もう一人の伊達男ウィルソンの妹がローの愛人をからかったため、ローがウィルソンに決闘を申し込み、剣で相手の腹を突き刺し殺してしまったのです。

ローは逮捕され有罪となって刑務所に送られますが、その後脱獄して大陸へ逃れました。彼は国家財政に興味を示し、アムステルダムの金融街を歩いては、金融制度の研究を進め、一七〇五年には『通貨および商業の考察』という小冊子を刊行するまでになります。

彼はその本の中で、貨幣の不足がスコットランドの不況を招いているから、土地を担保にして通貨量を増やすべきであり、そうすれば、雇用を刺激し、国富の増大につながるという見解を述べています。これは後のケインズの主張に似ています。しかし、あまりに時代に先駆けすぎていたのか、スコットランドでは受け入れられず、大陸のサボイ家にも進言しましたが、やはり無駄でした。その一方で、ブリュッセル、ウィーン、ローマを旅して、賭博や投機で相当の財産を築きあげました。ちなみに、現在の量的緩和（QE）やアベノミクスに通じるこのローの主張とケインズの主張の類似性について、経済学者のハイエクが皮肉交じりに次にように述べています。

「私には、ケインズはいつも新しいタイプのジョン・ローのように見えていた。ケインズと同じように、ローは実際に貨幣理論に貢献した金融界の天才だった。ローは『このような追加的な貨幣は働いていない人を雇用し、すでに働いている人にも大きな利益を与える。このようにして、生産物は増加し、製造業は発展していく』と述べている。ローと同様に、ケインズはこのような誤った、しかし人口に膾炙した信念から決して自由になれなかった」（ハイエク全集Ⅱ－2『貨幣論集』）

ローの錬金術

さて、当時のフランスでは、ルイ一四世の死後、ルイ一五世が王位を継承しましたが、彼が五歳と幼少であったため、オルレアン公フィリップ二世が摂政につきます。当時のフランスは、一七世紀以来の長期不況下で、貨幣の不足と物価の下落にあえいでいました。また、前ルイ一四世による相次ぐ侵略戦争への出費、ベルサイユ宮殿での放蕩三昧、賄賂の横行で国庫はすでに大きく傾いており、財政赤字が三〇億リーブルを超えていたのです。こうした苦境の中で、国家財政の建て直しを図りたいフィリップ公には、ローの構想に耳を傾ける理由が十分にあったと言えるでしょう。

ローは、いくつかの論文と覚書で、銀行券発行の有効性を財務当局者に説きました。その甲斐あってか、一七一六年五月、銀行券を発行する個人銀行「ジェネラル銀行」設立の許可が与えられました。銀行の頭取にはローが就任し、彼の邸宅の一階を店舗としました。資本金は六〇〇万リーブル、その二五％が現金で、残りの七五％が額面の二二％にまで値下がりしていた国債で払い込まれました。

ジェネラル銀行の銀行券は、銀貨への兌換を認められており、交換比率は紙幣発行日の相場によって決められていました。また、政府の経常支出や国債の引受のためにも用いられたことにより、信用度が増し、広く流通することとなりました。

ローは、この銀行券が広く流通するにともない、貸出金利を三〇％から六％へ、そしてさらに四％へと引き下げ、民間の高利貸しを締め出すことに成功します。資本金六〇〇万リーブルの資本金をもとに、その一〇倍の六〇〇〇万リーブルの貨幣が発行されました。この銀行券には利息が付くだけでなく、その信用が極めて高く受領を拒否する者がいないので、銀との兌換レートを一五％も上回るプレミアムが付くことになりました。このため、束の間ではあったとはいえ、フランス経済は刺激され活況を呈しました。

ここまでがローの成功物語です。しかし、これは彼にまつわる話のほんの序の口にすぎません。

ローが生み出した魔法のシステム

ローにとって必要だったのは、銀行券発行の裏付けとなる現金収入源でした。といっても、この現金収入源は、実際に収入を稼ぎ出していなくとも、人々がそう信じていてくれさえすればよいのです。そうすれば、破綻寸前の国家財政を再建することも夢ではありません。そして、それを可能にするためにローが考え出した巧妙な方法こそ、後に「ロー・システム」と呼ばれることになったものなのです。それは、国民を欺き、彼らの持っている現金を搾り取り、国家債務を解消しようという、いってみれば国家規模での詐欺行為を完成させる企てであるといってもいいでしょう。

具体的にはこうです。莫大な利益を生み出す（と考えられている！）特権会社を設立し、そこが王立銀行発行の銀行券を引き受けて、これを国家に貸し付けます。政府はこれを財政支出や債務償還金として使用しますから、銀行券が市中に出回ります。さらに、こうして流通する銀行券を、この特権会社の株を上場することによって吸収してしまおうという二段構えのスキームです。確かに、この特権会社の予想収益を人々が信じさえすれば、銀行券と引き替えに同社の株券を喜んで受け取るでしょう。ただし、この株券の価格が上昇している間は、という留保条件がつきますが。

当時、フランスが新大陸に有していた植民地は「ルイジアナ」と呼ばれており、メキシコ湾から西はロッキー山脈、北は五大湖にまで達する広大な領土を誇っていました。当時の入植状況はまったく悲惨という他ないもので、北米の厳しい自然と黄熱病・マラリアなどの風土病により、入植者の多くが一年もたたないうちに死んでしまったといいます。

いつの時代も一般大衆は未知の世界に対してバラ色の夢を描くものですが、ルイジアナには金、銀、エメラルドなど貴金属や宝石が大量に埋蔵されていると信じ込んでしまう人々は当時決して少なくなかったのです。「危険があるからこそ、得られる利益も莫大である」という、もっともらしいイメージが欲深い人々の心をとらえることに見事に成功したわけです。

「ルイジアナ会社」の株狂乱

　ローの考えは、このルイジアナに埋蔵されているにちがいない金鉱の探査や採掘を目的とする「ルイジアナ会社」を設立し、この株式を上場しようというものです。本当に金《きん》が発見されるかどうかは問題ではありません。投資家がそれを信じて、発行株式を買ってくれるかどうかだけが問題です。政府はこの会社設立を認め、同社がルイジアナ領土を二五年間賃借し、独自の軍隊を創設する特権を与えたのです。早速、ルイジアナ会社は、六〇〇〇人のフランス人と一〇〇〇人の奴隷を入植させることを決めました。

　ルイジアナ会社は、当時普及していたタバコの栽培と販売の独占権を取得し、さらに、東インドや中国関連の企業を次々と買収しました。そして、社名も「インド会社」と変更して、フランスの外国貿易を独占していきました。また、このインド会社は貨幣鋳造権も獲得したため、瞬く間に世界最大級の企業となったわけです。

　しかし、一株五〇〇リーブルで二〇万株売り出されたインド会社の株は、人々の疑念から一七一八年の暮れには半値まで下げていました。そこで、翌年、王立銀行は銀行券を三割増刷しました。その一方で、インド会社について、新たな買収、輝かしい事業展望といった投資家の気を惹くようなニュースが次々に流されました。実際、八月にインド会社は九年間の国税徴税権をも獲得することとなったのです。

たちまち「ルイジアナ会社」ブームに市場は揺れ、株価は急騰を続けました。八月末には、当初の販売価格の一〇倍である五〇〇〇リーブルにまで達し、一〇月には八〇〇〇リーブルまで跳ね上がりました。前年の安値で株を買っていれば、すでに三二倍になっていたのです。ところが、相場は休むどころか、ますます過熱していきました。さまざまな特権がインド会社に与えられる中で、株価はほとんど狂乱状態になりました。時機を逃した投資家がジェットコースターのような相場に飛び乗ろうとし、三〇万人以上の人々がパリに押し寄せたといいます。カンカンポア通りでは、カフェ、レストラン、街路など、ありとあらゆる場所がインド会社株の取引場と化し、誰彼構わず売買が行われるといった有様でした。

ローは、インド会社を実際に稼働させるために、フランス人をミシシッピーへ移住させる計画をいちおう考えてはいたようです。しかし、当時、フランスからミシシッピーへ移住するのは、おそらくいまで言うと月に移住するぐらいの困難と危険が伴うものと考えられていたと言ってもいいでしょう。応募してくるのは犯罪者や売春婦ばかりでした。こんな植民計画が成功するわけがありません。

インド会社の株は、結局、一七一九年の末頃に天井を付けました。この時の株価はなんと二万リーブルというから驚きです。当初五〇〇リーブルで売り出された株が、わずか三年もたたないうちに四〇倍にまで膨らんでいたのです。ローが編み出した国家債務の返済方法はまんまとうまく行きました。政府は年利三%の国債を発行すると同時に、その国債でインド会社の新規発行株の払い込みができると宣言しました。株価が上昇していれば、この国債の保有者は自ら進んで株と交換するに違いありません。こうして、国の借金はいつしか単なる紙切れになる運命の株券にうまく化けてくれたのです。

ルイジアナ会社の株の売却代金も、ルイジアナ開発のためではなく、もっぱら政府の負債の返済に充《あ》てられました。王立銀行の銀行券は政府に対して貸し付けられ政府はそれを経常支出や国債返済に使ったのです。人々の手に渡った銀行券は、さらにルイジアナ会社の株式の購入に振り向けられました。その売り上げは、さらに政府に貸し付けられます。

こうして、銀行券の膨大な発行とその環流を通じて生じた「信用膨張」は、あたかも風船のように膨らみながら、人々の持っていた現金をバブル化した株券に置き換えてしまったのです。

ロー・システムの終わり

どんなバブルでも、いつか弾けるときがやってきます。ロー・システムが作りだしたバブルはいかにして崩壊したのでしょうか。ロー・システムによるインド会社株の高騰がいつまでも続くはずがありません。インド会社に対する人々の信用が崩壊すればこのロー・システムも終わりを迎える運命にあります。

一七二〇年にその時がやってきました。どの場合も、バブルの崩壊は、機が熟すれば、ほんの些細な事をきっかけにして始まるものです。その年の一月、コンデ王子とコンティ王子はインド会社の株を売却して換金しました。三台の馬車が金貨を積んでいったといいますから、相当の額だったにちがいありません。この噂を耳にして恐れをなした投資家たちは我も我もと株の売却に走りました。

これに対して、リーブル紙幣がさらに増刷されましたが、金への兌換を要求する人々が増えるにつれ、その価値は下落して行きました。また、五〇〇リーブル以上の金銀の所有を禁止し、一〇〇リーブルを超える支払いは紙幣によるべきという命令も出されましたが、これは逆効果で、信用危機をかえって広げただけでした。いわば株や紙幣にはもはやなんらの価値もないことを宣言してしまったようなものだからです。あちこちに金銀のブラックマーケットが立ち、換金を求める人々の列が以前にもまして長くなりました。

いまの時代でも、リーマンショックのような世界的な金融危機が起こったり、世界経済の不安定さが増してくると、より安全な資産を求めて現金を金《きん》へと交換する資産家たちがいます。国が発行している貨幣といっても、ひとたび「信用危機」が雪崩のように起これば、人々はそれ自体に価値がある本位貨幣、あるいは土地など実体のあるものを追い求めるようになることは、変わりがありません。

失墜したインド会社の信用をなんとか回復しようと、一芝居打ったこともあります。ある日パリで大量の浮浪者を雇い、いまからルイジアナへ金を採掘にいくかのようにシャベル片手に町の大通りを行進させました。これは、一時的には功を奏しました。しかし、何週間もして、彼らが元の浮浪者に戻っているのが目撃されました。しかも、金がまったく届いていません。このことを知って、人々の不安は一気に広がります。王立銀行には、銀行券を金貨へ交換するよう求める人々が殺到しました。いわゆる取り付け騒ぎの発生です。この年の七月には、一万五〇〇〇人以上の群衆が王立銀行の前に押し寄せ、一六人が圧死するという惨事も起こったほどです。

結局、一七二〇年六月一七日、王立銀行券の兌換が停止されたため、株は転げ落ちるように大暴落し、他の多くの商品の価値が崩壊することになりました。その結果、経済活動は鈍化し、恐慌が発生したのです。

フランス財務総監にまでのし上がり栄華を極めたローも、いまや万人から呪われ、怒りの的となりました。身の危険を感じたローは、ついにオランダへ亡命するしかありませんでした。イギリスに四年住み、その後、イタリアのヴェネツィアへ渡り、そこで一人寂しく、誰にも顧みられない余生を送ったということです。

このロー・システムの崩壊のせいで、フランス人は、銀行をその後長い間、信じなくなってしまったといいます。

バブルの生みの親「サウス・シー・バブル・カンパニー」

オランダのチューリップバブル、フランスのロー・システムに続いて、次のバブルはイギリスです。

フランスでロー・システムがうまく行くかに見えた頃、イギリスでもそれを真似して国家の債務を奇跡的に返済しようという計画が練られていました。当時のイギリスはフランスとの長期にわたる戦争のために巨額の借金を抱えていました。国が債務返済に苦しんでいるのは、先ほど見たフランス政府と同じですが、イギリスではこの債務をジェントリーや貴族といった地主階級が強く嫌っていたという点で違います。というのも、政府の借金は自分らが所有する土地を担保として借り入れられたものであると考えられていたからです。政府債務の中でも特に九九年間という超長期の年金公債は、所有者の同意なしに完済できない仕組みだったので、政府を悩ませていました。そこで一計を案じたのです。

大蔵大臣を中心とする財務担当者は、当時、「サウス・シー（南海）」と呼ばれていたカリブ海諸島、スペイン領中南米、太平洋諸島との貿易独占権を持つ会社設立を構想していました。この「サウス・シー・カンパニー（南海会社）」は悲惨な運命をたどり、後に「サウス・シー・バブル・カンパニー（南海泡沫会社）」と呼ばれることになります。そして、ここから「バブル」という言葉が生まれたわけです。

さて、元祖バブルの顛末は如何なるものだったのでしょうか。

一七一一年、関連立法が制定され南海会社は設立されました。南海会社は、政府債務一〇〇〇万ポンドを引き継ぐ代わりに、政府から南海の貿易独占権と年々の補助金を得ることになりました。

一七一九年には、さらに政府から各種の追加補助金と利権を与えられ政府の残債を引き取るという条件で、新株の発行許可を申請しました。一七二〇年二月二日、新株式発行案が下院を通過すると株価は一二九ポンドから一六〇ポンドへと急騰します。これが上院を通過すると、三九〇ポンドまで一気に跳ね上がりました。四月には、役員会で一〇%の配当が決議されたため、株価は四〇〇ポンドを超えました。あっという間に、株価は三倍以上にもなってしまったのです。

さらに五月には、一般大衆を対象とする初の公募が発表されました。ここには、例の年金公債をうまく引き寄せる次のような罠が仕掛けられたのです。募集期間の最初の一週間に年金公債を持ち込んだ者に対しては、一株三七五ポンドで割り当てられるというのがそれです。市場価格は、公募開始五日目まで四九五ポンドに吊り上げられており、公募のメリットは大きく膨れ上がっていました。そのため、残存していた年金公債の半数以上が株式と交換されたのです。

こうした投機的な株価上昇はなおも続きました。五月に五五〇ポンド、六月に八九〇ポンド、夏には一〇〇〇ポンド寸前にまで達しました。人々がこれに次々と参加し、短期間のうちに大きな富を築いた成金も続出しました。

いかがわしい会社＝バブル・カンパニー

この当時、「バブル」という言葉は、株価が実質的な資産価格よりも異常に高くなっている相場の状況を表すものではありませんでした。アメリカ大陸西岸や南米といった地域の大部分では、スペインが領土と貿易に対する独占権を主張していました。したがって、イギリス政府が南海貿易の独占をこの会社に許可したにしても、貿易独占の見通しは極めて怪しいものでしかなかったのです。イギリスの国旗を掲げて海をわたる貿易船が、スペイン艦隊により撃沈され海の藻くずとして消えてしまいかねないわけですから。

こうした南海会社のいい加減な事業内容もさることながら、これを模倣し便乗利益を上げようと、それこそ実体のない「泡のような」会社が次から次へと設立されました。こうした正体の定かでない、いかがわしい会社のことを「バブル・カンパニー（泡沫会社）」と呼んでいたのです。

その事業内容は、ほとんど冗談としかいえないものが多かったのです。笑えるところでは、「永久運動が可能な車輪の製造」、「水銀を純銀に変える事業」、「英国中どこでも出張サービスをする葬儀会社」など。極めつけは「最高の利益が期待される事業だが、その内容については後日まで発表を控える」というもので、「一株一〇〇ポンド、二％頭金支払い、年一〇〇%配当保証」という条件が付いたこの会社の株には、一日あたり一〇〇〇株の購入申込があったといいます。こういった詐欺まがいの名目的な会社にも人々は大金を投じたため、実際、株価もあるところまで上昇しました。

一七二〇年六月、ついにこれらの泡沫会社の設立を禁止する最初の「バブル法」が制定されました。ところが、こうした法律が議会を通過したのは、必ずしも無知でだまされやすい人々を悪徳商法から保護するためではなかったのです。南海会社に多額を投じていた議員たちが、ただ自らの利益を守りたいがためでした。こうした泡沫会社が続々と生まれてくると、南海会社へ投資するものが少なくなり、株価が値上がりしなくなってしまうからです。

ご多分にもれず、ここでもこのバブル相場は一気に崩壊します。その原因が、インサイダー情報をつかんでいた投資家や目先のきく人々が売り始めたからか、あるいは、バブル法の効果が相場にマイナスに働き始めたからなのかはわかりません。何か小さなきっかけさえあれば、バブルは崩壊するのですから、その直接の理由を言い当てることはできません。

いずれにせよ、相場は天井をつけた後一旦下がり始めると、つるべ落としのようでした。九月一七五ポンド、一一月一三五ポンド、一二月一二四ポンド……。人々の信頼を回復するため、同社役員会は八月に次年度以降一〇年間五割配当を実施すると発表しましたが、もはや相場には何の効き目もありませんでした。株価は乱高下しながら急落し、結局、一四〇ポンドで安定しました。これは高値の約七分の一の水準です。

バブルに振り回された天才たち

この相場に手を出した者の中に、万有引力の法則を発見した有名な物理学者であるアイザック・ニュートンも含まれていました。彼は晩年、造幣局長官や王立協会会長などの要職を務めましたが、サウス・シー・バブルに遭遇してしまったのです。

ニュートンは、最初七〇〇〇ポンドを投資して倍になったところで売却して利益を上げたのに、その後、高値づかみをして結局二万ポンドも損しています。この金額はいまの一億円以上に相当するといいますから、彼も相当痛手を被ったのでしょう。「物体の運動を測定できても、人間の狂気を予想することはできない」と語ったといいますが、ここには自省も込められているのでしょう。

バブル相場の渦の中に飲み込まれてしまうとき、彼のような天才ですら愚かな行動に出てしまうものなのかと考えさせられます。しばしばこのエピソードが引き合いに出されるので、彼にとっては気の毒な話ですが。

ちなみに、経済学者の中で相場で財をなしたというものはそう多くありません。一九世紀初めのイギリスの経済学者であるリカードは、経済学者になる前に証券業者として、あるいは株の相場師として、一時は、あのロスチャイルド家と張り合うほど活躍していました。リカードが事業をやめて経済学者になっていなかったら、もしかしたら、現代国際金融の一大勢力になっていたかもしれません。

また、二〇世紀のケインズも、第一次大戦後、相場の失敗で破産寸前の窮地に立たされましたが、死ぬまでに投機により一財をなしていました。しかし、これらは例外といった方がよく、本当は相場に手を出して痛い目を見た学者の数の方が多いはずです。こちらの方は大損しても人には話さないはずですから、歴史に残っているものは当然少ないからです。

物価問題の研究者として名高い二〇世紀アメリカの経済学者フィッシャーが、一九二九年の大恐慌のとき、株式相場で破産しかかり、大学から借金をしたのは有名な話です。天才であろうとなかろうと、人はバブルからそう簡単には逃れられないようです。

3 「観念の自己実現」としてのバブル

貨幣とバブルの共通点

さて、さまざまなバブルの歴史について見てきましたが、これらの歴史上の有名なバブルに共通していることはなんでしょうか。

まずはっきりしているのは、貨幣がなければ、北米ネイティブ・アメリカンのポトラッチのような熱狂的な贈与と大量破壊はあるにしても、おそらく、いままで見てきたバブルの物語のような一国単位の大規模な集団現象は起きないだろうということです。

第一章で見たように、貨幣は、言葉のように、人間が他の人間と経済的コミュニケーションを行うために欠くことができない媒体でした。貨幣がなければ市場も存在しません。だから、貨幣を市場経済社会から取り去ることはきわめて困難です。つまり貨幣によってあらゆる物やサービスが市場で売買され、人間の心理や欲望が変わらない以上、バブルの問題は常に付いて回るでしょう。

では、バブルとはいったい何なのでしょうか。

ふたたび、第二章で話した「裸の王様」における「観念の自己実現」という話を思い出してみましょう。王様は何も着てい「ない」のに、まわりの人々そして自分すら立派な服を着ていると信じる（ふりをする）ことによって——みんなが信じているからそれに同調して盲目的に信じる（慣習）か、そう信じるふりをすることが自らにとって利益であると期待する（予想）かは別にして——あたかも実際にそれが「ある」かのような現実ができあがりました。そうした現実がさらに人々の信念を維持し強化します。

これと同じく貨幣も、人々が、それが使われ続けてきたという慣習に従い、また、それが使われ続けるだろうという予想を抱くことによって、すなわち、人々が貨幣を信頼することによって、受領され続けます。そして、貨幣が実際に流通するという事実を通じて、今度は人々の信念が実現されます。

信念と貨幣は、相互に他を支えることで自らを実現し、ともに経済的な「仮想現実」を構成していると言ってもいいでしょう。逆に言えば、信念と貨幣は、どちらか一方が崩れれば、他方も崩れる運命にあると言えます。

太陽黒点説

ここで、このような「観念の自己実現」のもう一つの例として「太陽黒点説」についてお話ししましょう。

限界効用理論の提唱者の一人であるイギリスの経済学者ジェヴォンズは、その晩年の一八七五年から八二年に科学雑誌『ネイチャー』に何回か投稿しています。そこで彼は、太陽黒点数の増減と農業生産物価格の騰落に相関関係があることを統計データによって示し、一〇～一一年の周期で増減する太陽黒点数は、景気循環に影響を与えているという理論を唱えました。

太陽黒点数は太陽の幅射活動の活発さを表しますが、それが多い時には地球上へ降り注ぐ放射エネルギーが増大し、気温上昇などの気象変動から農業生産性が上昇することで穀物価格が下落するといった因果関係があると主張したわけです。これは、学会からは荒唐無稽な学説であるとみなされました。しかし、一見するとオカルト的なこの説も、すでにのべた「観念の自己実現」を考慮に入れて、次のように再解釈するならば、もっともらしいものになります。ちなみに、ジェヴォンズが唱えてから一五〇年近くたった現代においても、太陽黒点説を研究している人が少なくありません。

太陽黒点数と穀物価格に因果関係（太陽放射と宇宙線の強度には相関関係があり、宇宙線の強度によって雲の量が変化します。このため、太陽黒点数の同期に応じて気温が変化し穀物の収穫高も変化するという因果関係が近年検討されています）があるかどうかは別にして、多くの人々が「太陽黒点が増えると、農業の生産性が上がり穀物価格が下がる」という法則を信じるとすればどうなるでしょうか。

太陽黒点が増えれば、穀物価格が下がるだろうという予想に基づいて、生産者が売り急ぎ、消費者が買いを手控える（卸売業者が仕入れを手控える）結果、穀物価格は実際に下落するはずです。こうして、太陽黒点説の真偽はどうであろうと、それについての人々の信念によってその法則は自己実現され、現実に太陽黒点の増減に応じて景気循環が起こってしまうというわけです。太陽黒点説は一つの極端な事例として、社会現象における「観念の自己実現」をものの見事に示しているといえるでしょう。そして、これと同じような現象が、貨幣やバブルなどにおいて、さまざまな形で起こっているのです。

幻想と現実

このように考えてくると、文化や政治などに比べてずっとリアルだと思われている経済の世界においてすら、幻想・観念と現実・実在の間に明確な線を引くことが困難であることがわかります。むしろ両者は分離することができないというべきでしょう。

株価や為替相場について、生産性、企業収益、利子率など経済の基礎的諸条件（ファンダメンタルズ）から理論的に計算される価格は「ファンダメンタルズ価格」と言われます。バブルでは、市場の需給条件や投機の動向によって決定される市場価格がファンダメンタルズ価格を超過する部分として定義されることがあると前に説明しました。そうした考えでは、ファンダメンタルズ価格が「現実」であり、バブルは「幻想」であるということになるでしょう。確かに、バブルが弾け飛んで、消えてしまった時点から振り返ればバブルとは幻想であるように思えます。しかし、ではファンダメンタルズ価格が確固たる現実なのかというと、そうでもありません。なぜなら、ファンダメンタルズ価格が市場で実際に成立することがまれであるというだけでなく、そもそもファンダメンタルズと呼ばれる企業収益や利子率の計算を可能にするところの貨幣がすでに仮想現実であるからです。

二〇一四年四月現在の日経平均株価は、一九八五〜八六年の水準にあります。これをマクロ的に見るならば、「平成バブル」による上昇分は幻想であったといえるかもしれません。

しかし、ミクロ的に見れば、株式投資に失敗して資産を減らしたり、中には、破産して人生が狂ってしまった人もいますし、大儲けをして優雅な生活をしている人もいます。ミクロ的には、バブルの崩壊は、全員の資産を平等に減らしたわけではないのであって、人々の間に所得の不均等な再分配をもたらしたことは紛れもない事実です。

しかし、すべての基礎であるはずの貨幣自身が幻想であると同時に現実であるならば、バブルが幻想と現実の両側面を持つとしても、決して不思議なことではありません。

4 ソロスのバブル理論

ソロスの「再帰性」

バブルは、具体的には、どのような経緯で発生し膨張し破裂していくのでしょうか。その周期について、世界的に有名な投資家・慈善家であるジョージ・ソロスが、たいへんに興味深い理論を唱えているので、この章の最後に紹介しましょう。

ジョージ・ソロスは、かねて金融市場に関して、自由主義市場経済の信奉者であるミルトン・フリードマンらがとってきた見方である合理的期待仮説、効率性市場仮説および均衡理論を批判してきた人です。政府を小さくして市場を自由化・規制緩和すれば、市場均衡が達成され、市場が効率的になるという考えは、いまも強い影響力を持っている考え方ですが、ソロスはこれは誤った理論に基づいているので有害であると言います。

この誤った理論が政策として取り入れられたことの帰結として、一九八〇年代以降、繰り返しバブルが形成されることになった、とソロスは考えるからです。

ソロスは、金融市場を理解するための鍵となる概念として、「再帰性」という言葉を強調しています。人間とは、一方で自らが生きる世界を理解しようとすると同時に、他方で世界に影響を与え、それを自らに都合がよいように変化させようとするものでもあります。

ここで、前者を人間の「認知機能」、後者を人間の「操作機能」と呼ぶとすると、多くの人の認知機能と操作機能が互いに干渉し合いながら同時に作用している社会現象は、参加者の未来に対する予想や意図によって影響を受けます。そのため、参加者の思考と社会現象の間に双方向のリンクが生じます。この双方向性のため、社会現象の不確実性や偶発性が生じると同時に、参加者の観察事実は知識として不完全なものになるのです。ソロスはこの双方向性のことを「再帰性」（reflexivity）と名づけたわけです。

ここで注意を要するのは、現実の「社会現象」とは、社会で生じる「事実」だけでなく、その事実に関する参加者の意見、解釈、そしてさらに誤解をも含むということです。それゆえ、参加者の社会理解と社会の現実は一致せず、両者に乖離が生じていきます。

このことを株式市場の例で考えてみましょう。市場参加者は将来の株価の予想に基づいて売り買いを行います。しかし、そうした予想は不完全ですから、参加者は、偏見や希望を含む主観的な判断に基づいて売買の決定を下さなければなりません。こうしたバイアスがかかった予想に強く左右される市場参加者の売買が、現実の株価を形成していきます。その結果、株価の事前の予想と事後の現実はすぐに一致することはありません。しかも、そこには価格が上がれば買い手が集まり、価格が下がれば買い手が逃げ出すといったポジティブフィードバックが働くため、両者の乖離が長期間にわたり大きくなることも珍しくありません。

これに対して、市場原理主義者が想定している完全競争モデルは、情報や予想の完全性を仮定するだけでなく、需要と供給は相互に独立なものと考えるために、両者が再帰的に関連する可能性が排除されています。いわゆる合理的期待仮説では、すべての市場参加者は（客観的な）経済モデルを把握した上で、それと整合的に将来を予想すると考えるので、人々の予想と現実は（混乱時を除いては）一致せざるをえません。しかしそれは、金融市場が自己調節機能を持っていて、自ずと均衡値へ収束するとみなすことに等しいのです。

バブルの八段階

ソロスは、彼が経験したバブルの実例として、一九六〇年代のコングロマリットブームとＲＥＩＴ（不動産投資信託）バブルを挙げています。そこでは、割高な新株発行（エクイティ・レバレッジ）に基づき他企業の買収や不動産運用を通じて企業収益が成長するにつれ、それが事業収益の成長であると誤解されたため、株価が急上昇しましたが、やがて崩壊していきました。

ソロスは、この事例をもとにバブルの膨張と崩壊過程の典型的モデルを作ろうとしました。それは、「支配的トレンド」と「支配的バイアス」の二つによってポジティブフィードバックのループが加速度的に作動することで、価格暴騰を伴うバブルを形成し、ある転換点でそのループが逆回転すると、価格暴落を伴うバブルの破裂が引き起こされるというモデルです。

ソロスの言う「支配的トレンド」とは、ある時代において広く受け入れられた世界への働きかけの方法、すなわち「操作機能」のことです。「支配的バイアス」とは、ある時代において広く受け入れられた、しばしば誤解や誤認を含む認識の方法、つまり「認知機能」のことです。この二つによって形成されるバブルのダイナミックな過程は、次の八つの時期区分によって描かれることになります。

(1) 初期　まだ支配的トレンドは認識されていない。
(2) 加速期　支配的トレンドが広く認識され、支配的バイアスにより強化される。株価は均衡水準から乖離する。
(3) 試練期　株価は一時的に下落する。
(4) 確立期　試練期を乗り越えたことで、支配的バイアスと支配的トレンドが強化され、均衡から速く離れた株価が確立する。
(5) 正念場期　現実が誇張された予想を支えきれなくなる。
(6) 黄昏期　参加者はゲームを続けているが、その危険性にすでに気づいている。
(7) 転換期　転換点で支配的トレンドは一気に下方転換し、支配的バイアスも逆転する。

（8）暴落期　破局的な下方への加速が生じる。

価格の下落は上昇より速いので、その動きは非対称になります。バブルはゆっくりと形成され、徐々に加速度的に膨らんで、ある時点で、一気に破裂するのです。

ちなみに、ソロスが事例に挙げたコングロマリットブームにおける支配的バイアスとは、「多くの投資家が、一株あたり利益の急成長を、その原因に注意を払わずに好むこと」であり、支配的トレンドとは、「企業が自社株を使って低い株価収益率の企業を買収することで、一株あたりの利益の高成長率を達成することができる」ということでした。この二つがループを形成すると、低い株価収益率の企業を吸収する企業の株は投資家にどんどん買われてその株価が上昇し、上昇した自社株を利用して、さらに企業買収が進むという好循環が生まれます。しかし、投資家がやがてこのバイアスの危険を察知して、その企業の株を売り始めると、トレンドは崩壊して、ループは逆回転を始めるのです。

ちなみに、サブプライムローンのバブルの場合は、「支配的バイアス」とは、「担保物件である住宅の価格は、銀行の貸出意欲によって影響を受けない（で上がり続ける）と信じること」であり、「支配的トレンド」とは、「貸出基準の積極的な緩和と融資比率の拡大」すなわち「信用膨張」でした。これはバブル、とくに不動産バブルに共通に見られる要素です。

より大きな視点に立つと、一九八〇年代以降のスーパーバブルにおける「支配的バイアス」とは、「レッセフェール（自由放任主義）すなわち市場原理主義」であり、「支配的トレンド」とは「全般的な信用膨張」であったと言えます。

過去二五年に金融危機は何度も発生しました。しかし、そうした試練をうまく克服してきたために、この「支配的バイアス」と「支配的トレンド」がかえって強化されてきた面もあります。この二つがともに崩壊したという意味で、二〇〇八年のサブプライムショック金融危機は大きな歴史的転換点であると言うことができます。

バブルの伝染性

ここでソロスの理論をもうすこし普遍化して考えてみましょう。

まず、支配的バイアスとは、「完全な合理性を持ちえない人間が世界の現実を認知するための認知枠」と考えられます。その中には現実に関するゆがみ、誤解、希望をも含みうるものです。他方、支配的トレンドとは、「社会的に広く受け入れられている行動のための指針や手続き」です。

この二つがミクロレベルで相互に強化する関係を形成すると、さらにもう一つ上のマクロレベルでは、バブルという経済現象が自己組織的に作られていきます。ここにおけるバブルとは、日本の高度成長などと同じく、マクロレベルの秩序あるいは現象のことです。つまり、ミクロレベルでの相互に強化する関係がエンジンとなって、それが加速度的に作動することで、バブルというマクロ的な秩序が作られます。そして、このマクロ的秩序の成長が、さらにミクロレベルに燃料を注ぐことで、ミクロとマクロの間にもループが作動し続けます。しかし、何らかのきっかけで、支配的トレンドと支配的バイアスが相互に否定し合い、弱め合うと、マクロレベルの秩序であるバブルは自己崩壊してしまうのです。

先ほど述べたコングロマリットブームにおける支配的バイアスは「一株あたり利益の急成長をとにかく求める」という投資家の内部ルール（認知ルール）であり、支配的トレンドは「企業が自社株で低い株価収益率の企業を買収し、一株あたり利益の高成長率を達成する」という自社株を利用する企業の外部ルール（行動ルール）です。

また、サブプライムローン・バブルにおける支配的バイアスは、投資家や住宅所有者の内部ルールであり、支配的トレンドは融資を行う銀行や住宅金融公庫など、金融機関の外部ルールです。そして、「平成バブル」のような大規模なバブルの場合は、支配的バイアスは経済学者、政治家、官僚だけでなく国民全体の内部ルールであり、支配的トレンドは世界の金融機関集団の外部ルールであると言えます。

さらに、不動産バブルやITバブルのように、ある国（アメリカ）でバブルが発生すると、他の国（日本）でも同種のバブルが発生するとともに、崩壊するときもほぼ同時であるということも多く見られます。

つまり、バブルには、インフルエンザやファッションと同じような伝染性があります。ひとたび、ある国でポジティブフィードバックを伴うループが生じれば、それが類似の社会経済環境を持つ他国へ伝播《でんぱ》普及することで、まったく同じループが生成されるのです。

さて、ソロスのいう再帰性の論理は、これまで何度も言及してきた「観念の自己実現」と実は似たようなものです。多くの人々が持っている「支配的バイアス」と「支配的トレンド」によって、ある「観念」が社会の中で「自己実現」されていき、それが進化・拡大していく現象は、これまで見てきたように、バブルや貨幣に共通して見られる現象です。

第四章　なぜ資本主義は不安定になるのか

――ハイパーインフレと投機を考える

1　資本主義にとりついた病気・ハイパーインフレーション

貨幣が壊れるとき

前章では、バブルについて、ひととおり見てきました。本章では、これまでの議論を踏まえて、貨幣および市場、さらには現代の資本主義経済は、なぜこれほどまでに不安定なのか。そのことについて、考えてみましょう。

「観念の自己実現によって貨幣は形成される」

これを言い換えると、貨幣とは「仮想現実」である、ということになります。この「仮想現実」が何らかの理由で壊れるならば、人々はその貨幣を疑い、それを受け取らなくなるでしょう。そのとき、何が起こるのでしょうか。

それは、月一〇％（あるいはそれ以上）にも上る激しいインフレーション、すなわちハイパーインフレーションです。貨幣価値が累積的に下落していき、紙幣はそのとき紙くずになってしまいます。このハイパーインフレーションは、近代に登場した紙幣に取りついた病気とでもいうべきものであり、これが資本主義システムを不安定にさせる要因となっています

歴史上、最初にハイパーインフレーションに見舞われたのは、バブルのところで見たように、ジョン・ローが発行した王立銀行券でした。インド会社株が暴落しロー・システムが崩壊した一七二〇年に、物価は二倍以上に跳ね上がりました。

ハイパーインフレーションは、特に戦争や革命により社会や政治が不安定になると発生することが多いといえます。アメリカの独立戦争時の大陸紙幣、フランス革命時のアシニア紙幣、第一次大戦後のドイツのレンテン・マルク、ソ連崩壊後のロシアのルーブルなどがそうですし、内戦時のユーゴスラビアでも月平均千数百％も物価が上昇しました。

ある貨幣がなくなっても必ず他の貨幣が現れる

では、ハイパーインフレーションが起きると、貨幣も市場も消滅して物々交換の世界が生《なま》の姿で現れるのでしょうか。私の考えでは、そうはなりません。ハイパーインフレーシ

ヨンによって、ある国家貨幣が凋落《ちょうらく》したとしても、そのとき必ず別の貨幣が現れます。取って代わるのは、タバコや穀物のような現物貨幣か、貴金属か、金貨のような正貨か、国際通貨であるポンドやドルか、はたまた、コミュニティ通貨や企業通貨か、電子マネーなのかわかりませんが、貨幣や市場が消滅するということはないでしょう。

もしかりに世界に貨幣がただ一種類しかないとして、それがハイパーインフレーションに襲われれば、貨幣が消えるという事態は「論理的」には考えられそうです。グローバリゼーションを通じてドルが世界通貨としての覇権をいまだ持っている中で、もしドルにそのようなことが起きれば、資本主義市場経済は崩壊すると予想する人もいます。しかし、当面はドルだけではなくユーロや円・元が存在していますから、国際通貨の多極性は失われないでしょう。

また、これまで見てきたように、いま数多くの企業通貨や電子マネー、コミュニティ通貨がリアル空間で、あるいはサイバー空間上で生まれつつあり、今後もさまざまな貨幣が生まれ、進化していくはずです。

とすれば、百歩譲って、いつか世界銀行によるグローバル通貨が発行されるときがくると仮定するにせよ、このような貨幣の多種多様性は残るのではないでしょうか。ホモ・サピエンスが生物界の「頂点」に立った後も、生物種の多様性が維持されており、それがきわめて重要な役割を果たしているように。

ハイパーインフレーションは、貨幣がある種の仮想現実であることを私たちに教えてくれます。しかし、それにより、私たちは夢から覚めてうつつに戻るのではなく、一つの夢うつつから別の夢うつつに移行するにすぎません。バブルもまたある種の仮想現実ですが、たとえそれが弾けても、私たちは繰り返し別の仮想現実の中にいることを知るべきでしょう。

前章のさまざまな事例で見てきたように、バブルは、チューリップのように、ある程度の種類と量があって転売が可能な希少財か、株式などの有価証券をめぐって生じました。前者に相当するものとしては、このほかに土地、絵画、骨董品が挙げられるでしょう。後者には、転換社債やワラント債、外国為替や金利の先物、オプション、スワップといったデリバティブ（金融派生商品）も含まれます。

さて、これらの商品が、いわゆる〝スペキュレーション（投機）〟に関わるものであることは一目瞭然です。ですから、まずは、この投機について考えていきましょう。

2　投資と投機の違い

バブルと投機

投資と投機の違いは何でしょうか。これらを区別するのは難しいですが、一応次のように言えるでしょう。

投資とは、物やサービス（流通や情報に関わるものも含む）の生産から生じる長期的・経常的な利潤や所得を期待して行われる企業的行為であり、投機とは、市場価格の変動を利用することにより転売から売買差益（特に短期的な）を獲得しようとする商業的行為である、と。

どちらも必要資金を金融機関から借り入れたり、資本市場で調達したりすることができますが、その目的や対象期間が異なります。バブルは、投資ではなく投機によって生じる現象だといえるでしょう。

フリードマンのように、投機こそ価格の自動調整作用、つまり「見えざる手」の働きを高めるものであるから、社会にとって極めて有用な経済活動なのだと主張する経済学者もいます。

投機が「安く買って高く売る」ことであるとすれば、それは、市場価格が理論的な均衡値より低いときにはそれを引き上げ、高いときには引き下げる結果、市場価格を速やかに均衡価格へと引き戻すに違いない、というのがその理由です。

かつてフリードマンは、ポンドの切り下げが行われるのが確実であることを知り、ポンドを空売りするための必要資金を貸してくれるよう銀行へ申し込みに行きました。ところが、「それはジェントルマンのすることではありませんから」と丁重に断られて腹を立てたと言われています。「社会に貢献する良き行為を理解しないとは何事か」というわけです。

この話には、これを聞いた彼の先生であるフランク・ナイトから、「君は私の弟子であると言ってはならない」と言われたという落ちがついています（これは、当時フリードマンの同僚であった宇沢弘文の回顧談によりますが、真偽不明です）。

ともあれ、投機は常に需要と供給のギャップを解消して価格を安定化させると言えるのでしょうか。

投機家とは、価格が均衡値より高いか低いかに関係なく、それが将来高くなると予想されるならば、まちがいなく買うというような人々です。そのように予想する投機家が市場の大勢を占めている限り、あの「観念の自己実現」の論理が作動して、価格は実際に上昇します。強気相場のためのいろいろな理屈が考えられ、さまざまな価格の分析手法が駆使されます。

また、相場を引っ張る先導者が現れ、他の投機家が追随することもしばしばです。価格の上昇は一本調子ではなく、いろいろな材料が出るたびに、時に激しく時に緩やかに騰落を繰り返しますが、ある程度価格が上昇してくれば、当然、一部の投機家は「そろそろヤバイ」と弱気になり売り始めるでしょう。しかし、それ以外の多くの投機家が一群となって買い進んでいけば、この強気相場は維持されます。この場合、価格は均衡値に収束するのではなく、そこからどんどん離れて上昇していきます。

このように乖離が増幅されていくポジティブフィードバック過程は、何らかの原因で人々が一斉に弱気に転じない限り続いていくのです。ブームがバースト（破裂）へと反転するとき、バブルが弾けます、これこそ、「観念の自己実現」の論理の崩壊に他なりません。

第三章で、ジョージ・ソロスが、このような現象を「再帰性」という概念で説明していることに触れました。「再帰性」とは、将来の予想に基づく現在の決定とそれが創り出す将来の事象が互いに影響しあうことを意味します。この相互作用性によって予想が自らをますます強めていく傾向に合るときには、金融市場は暴騰または暴落へ向かうので、決して均衡へ収束しません。ソロスは、再帰性が働く金融市場はこのように不安定であり、均衡という概念では理解できないと考えました。

このように、投機は、価格を安定化するよりも不安定化し、乱高下させる傾向があります。もちろん、投機がバブルの形成と崩壊という全てのプロセスを通じて価格を均衡値へ接近させると強弁できなくはありません。しかし、第一章で詳しく述べたように、主流経済学が想定している均衡という考え方そのものに疑問がある以上、あまり説得的ではありません。少なくとも、投機が市場を安定化させるのではなく、むしろ不安定化させる傾向が強いのであれば、フリードマンのように、投機は社会貢献であると、胸を張って言うことはできないでしょう。

美人投票

次に、投機を別の側面から考えるために、よく知られているケインズの「美人投票」の理論を見てみましょう。ケインズは『一般理論』の中で、投機（「玄人筋の投資」）とは、長期間にわたる投資の予想収益を予想するのではなく、むしろ二、三か月先の慣行的な評価を予想すること、いわば、仲間を出し抜き、群衆の裏をかき、人にババをつかませることだと定義した上で、それを次のような「美人投票」に喩えています。

美人投票とは、新聞に掲載された一〇〇人の写真から読者が美人だと思う人を選んで投票し、最も多く得票した平均的な「美人」に投票した人々に賞金が与えられるというものです。

賞金を得るためには、自分の好みに基づいて投票しても、美のイデアに基づいて投票しても、意味がないことはすぐにわかるでしょう。人々を出し抜くためには、人々が平均的に好む美人とは何かを予想しなければなりませんが、他の人も同じように考えるでしょうから、人々の予想を予想しなければならなくなるからです。しかも、さらに先を読もうとすれば、人々の予想の予想を予想しなければならず、この予想の高次化はどこまで行ってもきりがありません。

重要なことは、この投票で決まる「美人」とは、自分の審美眼にかなう女性でも、現代的美人の基準に一致する女性でもなく、単に最も多く得票した「人気の高い」女性であるにすぎないということです。したがって、群集心理を群衆よりもよりよく予測することが成功の鍵となります。

このような状態では、人々の予想は確固たる基準を持ちえず、お互いに相手の投票を予想して投票するため、その結果は極めて移ろいやすいものになります。そして、インカムゲイン（配当や利子）よりもキャピタルゲイン（売買差益）を追求し、市場における人気に一喜一憂する素人投機家が多数を占めるようになれば、金融市場は、ちょうどこの美人投票のように不安定になるのです。

『一般理論』を書いた一九三〇年代のケインズは、イギリスよりアメリカにそのような傾向が顕著であると考えていました。年金ファンドやヘッジファンドが短期的な投機をボーダレスに行っている今日のグローバル資本主義では、先進諸国のあらゆる金融市場がそのようになっているといってもいいでしょう。金融的不安定性がしばしば資本逃避という形をとって現れ、実物経済を直撃して不況や失業をもたらすのはこのためです。

3 貨幣の未来、市場の未来

マルクスとケインズの貨幣観

投機が起きるのは、言うまでもなく、人々がより多くの貨幣を稼ぎたい、保有したいと思うからです。しかし、人間にはそうした貪欲さが本来具《そな》わっているのでしょうか。

たとえば、自分が必要とする以上の大量の食料も、それが腐ってしまえば何の意味もありませんから、そんなに多くを所有したいと思うことはないはずです。むしろ、自分が欲しい物を好きなときに手に入れるには貨幣が必要であり、それゆえ、貨幣があたかも普遍的な富として存在するからこそ、人間はより多くの貨幣を求めるのではないでしょうか。物の売買から利益を得ようとする投機は、貨幣がある限り、それに絶えず影のようにつきまとうのです。

マルクスは、商品生産が一般的な資本主義経済では、貨幣は必ず発生し、それは価値増殖する資本になると考えました。それは、人間が貪欲だから金儲けを行うのではなく、貨幣があるから人間は貨幣を増やそうとするのだということに他なりません。

他方、ケインズによれば、私たちは、過去の予想が絶えず覆されながらも、将来を予想しなくては行動することができません。そして、何が起こるかわからないがゆえに、確率的にも予想できないといった不確実性は常に存在しており、人々がそのことに不安を覚えるからこそ、貨幣を保有しようとする「貨幣愛」が生じます。そのとき、貨幣は、その価値の増減にもかかわらず、かろうじてそれを頼みにすることができるという意味で、「現在と将来を結ぶリンク」になるわけです。

マルクスとケインズでは、貨幣にたいする見方は異なりますが、両者とも、貨幣は取り除くことができず、しかも、それが投機をもたらすとともに、バブルの崩壊に続く恐慌や不況の中で人々が追い求めてしまう不可避の現実、いや、「仮想現実」であると考えている点では一致しています。

また二人とも、既得権益ではなく思想こそ時間はかかるものの社会を変えていくということを深く信じていました。マルクスは、(資本主義的)商品生産の上で、貨幣を、商品を生産するのに必要な労働時間を表示する労働貨幣に置き換えるというロバート・オーエンの考え方をユートピアであると繰り返し批判しました。とはいえ一般に信じられているように、貨幣なき社会主義計画経済こそ資本主義市場経済に取って代わるべき理想社会であると考えていたわけではありません。むしろマルクスが言いたかったのは、経済社会が協同的に運営される「自由な人々のアソシエーション」では、労働貨幣のような疑似貨幣は使えるかもしれないが、それは「劇場の切符」（商品券ないしバウチャー）のようなものであり、資本として利用できる「貨幣」ではないということです（マルクス『資本論』第三章、注五〇）。要するに、生産と貨幣のあり方を同時に変えなければならないと考えていたわけです。

また、ケインズは「ばかげたことを信じる」という意味の「月は生チーズからできている」という諺に引っかけて、「人々が月を欲するために失業が生じるのだ」と表現しました。「月」とは、その生産が制限されている一方、それに対する欲望を抑制できないものの喩え、おそらく金《きん》ないし金貨のような正貨のことです。そして、生チーズとは中央銀行がいくらでも発行することができる紙幣ではないでしょうか。その上で、月（金）への欲望の代わりに、人々に生チーズ（紙幣）が月（金）であると信じ込ませ、生チーズ工場（中央銀行）を国家の管理のもとにおいて好きなだけ生チーズ（紙幣）を生産して国民に供給すればよい、つまり、貨幣供給の急激な膨張というのがケインズの失業救済策でした。

ケインズのこの考え方をもっとわかりやすい寓話にしたのが、「不況対策にはヘリコプターから紙幣をばらまけばいい」とするフリードマンの「ヘリコプター・マネー」かもしれません。

アメリカでは、ヘリコプター・マネーは有効だと発言して、「ヘリコプター・ベン」の異名を持つベン・バーナンキ前FRB（米連邦準備銀行）議長が、リーマンショック後に非伝統的な金融政策である量的緩和（QE）を始めました。経済活動を刺激することを目的に、二〇〇八年一一月より二〇一〇年三月まで、住宅ローン担保証券（MBS）などを、一・七五兆ドル買い入れる量的緩和第一弾（QE1）、二〇一〇年一一月より二〇一一年六月までに米国債を六〇〇〇億ドル買い入れる量的緩和第二弾（QE2）、二〇一二年九月から期限や総枠を設けない無制限量的緩和第三弾（QE3）を実施しました。バーナンキ議長は二〇一二年一月に、目標インフレ率を二％に設定するインフレターゲットを初めて導入しましたが、この影響を受けてインフレターゲットが先進国で次々に導入されることになりました。日本ではインフレターゲットを導入した安倍晋三首相のアベノミクスが継続中です。

ブームなき貨幣、バブルなき貨幣はありえるか

　私たちが貨幣という仮想現実から逃れられない、とすれば、貨幣とそれが形づくる市場をどのようなものに変えていくことができるのか、また、何が望ましいのかについて、いま一度考察してみるべきでしょう。「月」という崇高なものを、ミルクさえあれば誰でも作れる「生チーズ」という世俗的なものに置き換えるというアイディアは、日銀券とは別の政府紙幣やコミュニティ通貨、さらにはビットコインのような暗号通貨にも通じるものがあります。

　これまで詳しく見てきたように、バブルの形成崩壊の原理は貨幣の存在を前提にしていますが、形式的に見れば、それは貨幣の生成崩壊の原理と同じです。

　つまり、貨幣の存在があるからこそ、市場や信用という制度やブームやバブルという現象が存在しているのであれば、貨幣なき市場や信用、貨幣なきブームやバブルは考えられないということになります。実際、現行の貨幣、市場、信用という制度こそが、ブームやバブルといった現象を引き起こしているのです。

　では逆に、経済を不安定にするブームやバブルなき貨幣、市場、信用というものはありえるのでしょうか。これは経済学的には未解決の問題ですが、貨幣という制度を考える上

で非常に大切な取り組むべき課題であると言えます。

市場経済の三つの長所と三つの短所

なぜ、私たちが暮らす資本主義市場経済は、これほどまで不安定なのでしょうか。本書ではこれまで、「観念の自己実現」をキーワードに、貨幣、バブル、ハイパーインフレーションと投機などについて、説明してきました。

本章の最後に、これまでの議論をふまえながら、現在の資本主義市場経済の長所と短所について、あらためて考えてみましょう。

現在の市場経済については、大きく言って次の三つの長所があると考えられます。

一つめが、市場での自由な価格競争によって、同一商品の価格が下がるという消費者にとってのメリットが生じます。

二つめが、企業による新技術・新商品の導入というイノベーションが起こり、それが普及していくことで、結果、同一商品の価格が低下するとともに、商品の品質向上、多様化、イノベーションが達成されやすくなります。

三つめが、契約や売買の自由を基盤とした市場は、政治的な自由を支える重要な要素となっていて、もし市場をなくしてしまえば、旧社会主義国家のように計画経済を取り仕切る巨大な政治的権力が党や国家に集中し、個人の自由が抑圧されてしまう恐れがあることです。市場は、政府による計画や介入を排除するという意味において、国家主義や独裁主義に対する防波堤の役割も果たしている、と言えます。

ただし、たとえば何を私有財産権に設定して、売買や投資の対象から外すかなどについては、市場が決めることではなく、道徳や慣習に基づく法（それは、社会の価値観の変化や企業や経済団体によるロビー活動などの影響も受けます）によって決められていきます。

この三つが、現在の自由主義市場経済の主な利点と言えるでしょう。しかし、これは同時に、不完全なものでもあります。貨幣の機能によって、売りや買いがバラバラに行われることで、一物多価になり、商品の売れ残りや売り切れがあちこちに生じ、社会全体としては必ずしもうまく調整されているわけではありません。第二章で、市場はインターネットと似ていると言いましたが、それは必ずしも安定的・効率的であるということではありません。バブルのところで見てきたように、予期しなかったような激変が生じる可能性も極めて大きいです。

このような意味での市場の短所としては、次の三点が挙げられるでしょう。

一つめは、市場の自由化によって、経済や金融の不安定性が増し、景気の変動が増幅されることです。好況期は、銀行は「信用創造」により貸出を増やして、それがさまざまな投資へ向かいます。設備投資などの実需に資金が向かえば、ある程度の間、景気は持続し経済も成長していきますが、いつかは利益の機会が少なくなっていきますから、そのときには株式や不動産などへ投機的な資金が流れ、バブルが膨張していきます。金利が上昇していけばバブルははじけ、大量の不良債権が残されて、金融危機から不況が発生します。こうした激しい景気変動によって、企業の倒産や失業が増大し、貧富の格差が拡大し、社会は不安定化していきます。

二つめは、企業は利潤を求めて価格競争やイノベーションを推進する際、自然環境に対する負荷や人体や社会に対する影響を常に考慮しているわけではありません。二つめの長所のところで述べたように、たしかに市場での競争を通じて技術や商品の多様性が実現されるかもしれませんが、その反面、このような問題が生じます。したがって、一概に技術や商品の多様性が望ましいとは限りません。また、企業は過剰な広告や宣伝によって消費者の欲望をあおり立てるので、必ずしも市場は多様化するわけではなく、実際には人々の生活を画一化し、多様なライフスタイルの選択を不可能にします。

三つめは、市場における貨幣を通じた売買が拡大していくと、人々の関係が切断されていき、私たちのコミュニケーションの質を希薄なものにしていきます。また、市場経済における適者生存の論理は弱者や敗者を切り捨てることへと結びつき、結果的に社会全体のモラルを低下させていきます。

市場の短所ばかりが目立つ経済

以上が、現在の自由主義市場経済の長所と短所です。そして現在、グローバリゼーションの進行によって、さまざまな問題が生じているのは、市場の長所よりも、市場の短所のほうが目立ってきているからではないでしょうか。

では、このような短所を私たちはどうしたら克服できるのでしょうか。

ここでも、キーワードは貨幣です。本書で何度も見てきたように、もし貨幣が市場を作っていると言えるならば、貨幣を変えることによって、市場の性質も変わっていくのではないでしょうか。

貨幣の本質を根本から問い直しながら、現在貨幣の短所を変更・除去しつつ、あらたな貨幣を形成していくことで、資本主義市場経済の短所をカバーすることが、いま求められているのではないでしょうか。

実際、近年に入って、マイクロクレジット、コミュニティ通貨、政府紙幣、減価通貨、利子をとらないイスラム金融などが注目を浴び始めています。本書で取り上げたビットコインや、欠点を克服しようとする改良型の暗号通貨もそうした試みのひとつというべきでしょう。

貨幣は市場を作り出すメディアであるとともに、資本の不可欠な構成要素でもあります。そして、貨幣を考えることは、それによって形成される市場や資本の特性、さらにこうした要素に規定されている経済のみならず、私たちの文化や倫理を考えることにもつながります。

すなわち、現在の貨幣のあり方を変えることは、市場や経済のあり方のみならず、私たちの文化や倫理を変えることにつながるのです。

「信頼」の貨幣

「観念の自己実現」から、慣習や予想の自己実現として成立する従来の貨幣は、人々が自分の経済的利益のみを考えるということを前提としていました。しかし、実際には、人々はそれだけではなく、周りの人々との経済的・文化的な関係として形成されるコミュニティ、さらに何らかの価値観、理念、文化にも関心を持っています。

別の言い方をすれば、人間は単なる浅薄な合理的経済人ではありません。本能、感情、意志、理性といった多元的なルールに基づき、時に相矛盾する要素を内包した厚みのある人間像に立ち返る必要があります。人間をそのように捉えるとき、「信頼の自己実現」として、ある種の「貨幣」が成立する可能性があります。

この章の最後に、貨幣の未来を考えるうえで、ヒントになる「コミュニティ通貨」と呼ばれる貨幣について、簡単にですが触れておきましょう。

コミュニティ通貨は、現在、世界で数千、日本で一〇〇以上が自主的に作られ運営されています。コミュニティ通貨は、一定の地域やコミュニティの内部で流通する、法定通貨へ兌換できない、また、利子が付かない通貨です。参加者がそれを媒体として物やサービスを自発的に交換することで、地域の経済やコミュニティを活性化することを目的としています。

より具体的には、自律循環型の地域経済を確立し、資本流出による実体経済の荒廃、失業や倒産といった問題を解決すること、介護、家事・育児、ボランティアなど通常の貨幣で売買されないサービスを活発にやり取りすること、さらに、自由、公正、協同、エコロジー、フェミニズムに関わる多様な理念や価値観を表現、伝達、共有することをめざしています。

コミュニティ通貨は、参加者全体が形成するコミュニティへの「信頼」を基盤として成立する「貨幣」だと言えるでしょう。ここで言う「信頼」は「安心」とは違います。「安心」は、よく知っている相手ならば期待通りに反応してくれるので、自分に危害を加えられる心配はないといった閉鎖的な精神を表します。

これに対して、「信頼」とは、全く知らない人と会ったときにでも、まずは相手を信じることから始めるといった、より開放的な倫理態度です。コミュニティ通貨のコミュニティの参加者は顔見知りだけではありませんから、参加者はまずお互いに信頼するところから始めます。他の参加者もコミュニティ通貨の経済的・文化的な意義を理解して積極的に参加すると信じることにより、コミュニティ通貨は受領され流通するのです。より多くの人々がコミュニティ通貨に参加すれば、コミュニティ通貨はその流通圏を拡大し、いつか新しいタイプの市場を形成することになるかもしれません。

終章　資本主義の危機と貨幣の「質」

――どのお金が選ばれ、生き残るのか

「ウォール街を占拠せよ」運動が意味すること

ニューヨーク株式市場があることで有名なウォール街で、二〇一一年九月、若者たちがデモを行い、そのような動きがヨーロッパや日本にも広がりつつあることが話題となりました。この「ウォール街を占拠せよ」デモの参加者の主張や階層はバラバラで、一定のまとまりある政治勢力とは言えませんでした。ただ、何かそこには、まだ言葉にならない大きな感情のうねりが渦巻いていたのを感じます。彼らは、いったい何に憤りや怒りを覚え、何を望んでいたのでしょうか。

この問題を考えるうえで、二〇〇九年のマイケル・ムーア監督のドキュメンタリー映画"Capitalism: A Love Story（邦題「キャピタリズム：マネーは踊る」）"がヒントになります。映画の最後で彼は、「犯罪発生中」と書かれた捜査用の黄色いテープでウォール街の金融機関を囲い込みました。実は、このパフォーマンスこそ「ウォール街を占拠せよ」デモの原型だと考えられます。

ムーアがこの映画で問題としていることは何だったのでしょうか。冒頭で、サブプライムバブルが破裂して住宅ローンが返済できなくなり、強制退去させられる人々の様子が映し出されました。追い出されて、行くところもなく悲嘆し、途方に暮れる人々。サブプライム問題で本当に悲惨な目にあったのはこうした庶民です。

では、大企業の方はどうでしょうか。二〇〇八年九月、リーマン・ブラザーズはスケープゴートとされました。だが、世界中で株価が大暴落し、連鎖的破綻による金融危機が深刻化すると、一〇月には大手の住宅関連金融機関、投資銀行や保険会社はいずれも不良資産救済プログラム（TARP）により救済されます。当時、公的資金の資本注入を受けた大企業役員らの高額報酬が厳しく批判されました。ですが、それも束の間、翌年にはゴールドマン・サックスなど過去最高益を上げる企業が現れ、六月には一〇行が公的資金を返済し、高額報酬が復活したのでした。

ムーアの映画の中では、大手小売業ウォルマートが従業員全員に生命保険を掛けて、多額の死亡保険金を受け取っていることが遺族に知らされるシーンがあります。合法的な行為ですが、利潤に対する大企業の強欲さが浮き彫りになります。遺族はそんな保険が掛けられていたことをまったく知らなかったので、強い怒りを表明します。自分たちに保険金が入ってこないからではありません。企業が従業員に無断で生命保険を掛け、自分たち従業員家族に遺族補償をしてもなお、企業には利益が入るという仕組みに腹が立つのです。なぜなら、それは、ウォルマートが従業員を金儲けの道具としてしか見ていないことを端的に物語るからです。

サブプライムローン関連のデリバティブ商品を安全だと売りまくった金融機関には、ローンを借りた個人以上により大きな責任があるはずです。庶民は家や職を失っても何の救済も受けられないのに、大企業やその役員だけが救済されています。これは不公正ではないでしょうか。その結果、大企業や富裕層にますます富が集中し庶民が貧しくなるわけです。大企業と個人の間には結果の不平等があるばかりか、機会の不平等もあるのです。

アメリカで結果の不平等が拡大していることを裏付けるデータが米議会予算局によって明らかにされています。一九七九年~二〇〇七年にアメリカの最富裕層である上位一％の国民の税引き後収入は二七五％増え、その所得が全国民の所得に占める割合は八％から一七％へ倍増しています。他方、貧困層である最下位二〇％の人々のそれは一八％しか伸びていません。六〇%を占める中間層の伸びは四〇%弱に止まっています。このように、サブプライム危機までの三〇年に富裕層と貧困層の所得格差が拡大してきたわけですが、その後、この格差はさらに開いた可能性が高いのです。

米紙ニューヨーク・タイムズと米CBSニュースが行った世論調査では、アメリカ人の三人に二人がより平等な所得再分配を求めていると言います。著名な投資家であるウォーレン・バフェット氏は高所得者向けの増税を提案しました。また、別の調査によれば、一〇〇万ドル以上の投資がある富裕層が高所得層向け増税を支持しました。フランス、ドイツ、イタリアでも富裕層が自分らへの課税を強化せよと声を上げました。

デモ参加者の要求は経済格差の是正、結果の平等の実現だけだったのでしょうか。もしそうならば、高額所得者に増税し、所得再分配政策を強化していけば問題は是正されるはずです。実際、民主党はそういう方向へ事態を沈静化させ、参加者もそう納得させられたように見えます。

しかし、「ウォール街を占拠せよ」デモに参加した者たちの当初の憤りは、その原型であるムーアの映画が描いていたような、もっとラディカルな問題に向かっていたように私には見えました。

資本主義の危機の表れ

グローバル資本主義は過去三〇年で規制緩和・自由化へ大きく転換しました。その結果、金融危機が頻繁に発生し、そのたびに国が大企業、金融機関を救済し、さらに欧州連合（EU）がギリシア、キプロスを救済しました。金融システム全体を揺るがすようなシステミックリスクを引き起こしかねない大企業、金融機関、国家に関しては「大きすぎてつぶせない（Too Big to Fail）」がゆえに国家や国家連合が救済せざるをえないのだというのが理由と言われています。

こうして自己責任原則の破綻を「金融システム維持」を大義名分に掲げる国家や国家連合が介入して取り繕っているのが実情です。結果的に、大企業や国家は容易に救済されるのに、個人は決して救済されないという、大きな機会の不平等が生じてしまっているのです。これは、グローバル資本主義が競争原理や自己責任原則に基づくはずなのに、実はまったくそうではなく、根本的な不公正を抱える経済システムになっているということを意味します。このことは、自由競争の結果として経済格差や不平等が生じたという問題よりもずっと深刻な問題なはずです。なぜなら、これは資本主義の自己矛盾であるからです。

「ウォール街を占拠せよ」デモが政治的な象徴であるワシントンの議会議事堂やホワイト

ハウスではなくニューヨークのウォール街へ向かったのは、ウォール街こそそうした不公正が発生した源だからに他なりません。彼らは直感的にそこで犯罪ともいうべき不正が行われたことに気づき、それを告発しようとしたのではないでしょうか。それは、彼らが資本主義というゲームのルールの公正さに疑問を持ち始めたということではないでしょうか。

では、富裕層が自分たちへの増税を支持するというのは、一体どうしてでしょうか。おそらく富裕層による増税案の受入れは、批判の矛先が経済的不平等という枠組みを超えて、資本主義という名のゲームのルール自体の不公正という根本問題へ向かうことによって不満が爆発し、資本主義自体が崩壊してしまうことを恐れてのことでしょう。根本的な問題は、機会の不均等という不正、ルールの事後的な変更という詐欺であるにもかかわらず、そういう問題にふたをして、自由競争の結果としての不平等と解釈しうる経済格差の是正にすり替えようとしているわけです。富者がますます富者になり、貧者がますます貧者になるような今のシステムの根本問題がそういうルールの不公正にあるということには富者自身が気づき始めて、システム全体の崩壊の不安を感じているのではないでしょうか。

私は、こうした一連の事態そのものが資本主義の危機の表れと感じるのです。リーマンショック後にこうした問題は解決されず、ただ先送りされただけです。

アメリカと日本が抱える危機

アメリカも日本も依然として巨額財政赤字の問題を抱えています。フランスでは富裕層増税（特別貢献税）を推進しようとしていますが、他ではそんな議論はされていません。日本ではついに庶民への増税と言われる消費税増税（五％から八％へ）を実施しました。

アメリカでは、先ほど見たバーナンキＦＲＢ議長による三次にわたる量的緩和の効果もあり、二〇一三年一二月に失業率は七％に下がり、ニューヨーク証券取引所（ＮＹＳＥ）のダウ平均は史上最高値を記録しました。バーナンキＦＲＢ議長は二〇一三年五月には量的緩和の縮小（テーパリング）をそろそろ必要と考えていましたが、それが二〇一三年一二月以降、米国債と住宅ローン担保証券の購入額の縮小という形で徐々に実行されてきています。ただ、量的緩和からの出口戦略は大変難しいと言われていますので、果たしてこれがうまくいくかどうか。

アメリカでは、マネタリーベース（通貨供給量）は二〇一三年末にリーマンショック直後の時点の三倍以上に達していました。現在のアメリカの繁栄は、ＦＲＢが国債や住宅ローン債権を購入し続け、こうした大量の貨幣を経済の中に強制的に注入することによってかろうじて達成されているものです。いわばＱＥの景気浮揚効果を企業や市民が信じることで消費や投資が刺激され、それにより実際に景気が浮揚するという「観念の自己実現」に支えられているわけです。二%のインフレターゲットを設定した無制限量的緩和はハイパーインフレーションを引き起こすのではないかという懸念も表明されていましたが、そうはなっていません。むしろ懸念すべきはまずはデフレの方です。

量的緩和の縮小をいくら徐々に進めるにしても、ある閾値を超えれば、量的緩和に関するプロ投資家たちの「予想の自己実現」は崩れ、それに伴い一般大衆の「慣習の自己実現」も一度に崩壊してしまう可能性があります。そうなると、「観念の自己実現」として成立していた静かなる（熱狂的というより）バブルが崩壊してクラッシュが起きるでしょう。どれだけ出口戦略をうまくやろうとしても、麻薬患者から徐々に麻薬の量を減らしていけば、どこかで急に禁断症状が起きるように、金融緩和縮小の景気へのマイナス影響がある時点で突然現れてくる可能性があります。他方で、米国財政赤字上限問題の再燃からデフォルト（債務不履行）の危機とグローバル通貨であるドルの危機が同時に発生する可能性も否定できません。

一つだけはっきり言えることがあります。インフレターゲティング型の無制限量的緩和は究極の金融緩和策であり、もしこれがうまくいかなくなったら、金融システムの既成の枠組みの下では更なる金融緩和の方法はありません。つまり、最終兵器がすでに使われたので、次に打つ手はもはやないということです。私たちはそのリスクをどれだけ認識しているでしょうか。

いま日本で実施されているアベノミクスについても同じことが言えます。安倍首相は二〇一二年一二月の衆議院選挙の大勝後の第二次内閣発足時に、景気回復のための経済対策として「アベノミクス」を実施すると述べました。その三本柱が「三本の矢」といわれる、(1)大胆な金融政策、(2)機動的な財政政策、(3)民間投資を喚起する成長戦略です。その中核は(1)の金融政策にあります。「大胆な金融政策」とは、デフレ経済克服のためにインフレターゲットを設定し、これが達成されるまで日銀法改正も視野に入れた大胆な金融緩和措置を講ずることです。二%のインフレターゲットを設定し、無制限の量的緩和により、デフレ脱却と円高の是正を図ることを目的としていました。安倍首相は、一時期、日本銀行が独立性や金融政策の中立性を主張してこの実施に協力しなければ、日本銀行法を改正してでも実行すると息まいていました。

アベノミクスの実施後からすぐに株式市場は急速な回復を見せ、円安は大きく進みました。その限りでは、アベノミクスは効果を発揮したと言えるでしょう。二〇一三年一二月に政府は月例経済報告を公表し、物価について「底堅く推移している」として、四年二か月ぶりに「デフレ」の文言を取り除きました。安倍首相は「デフレ脱却宣言」こそ見送りましたが、大きな自信を見せていたように見えました。しかし、二〇一四年一月以降の株式市場は低迷しており、景気が本格的に回復したのかどうかはまだわかりません。消費税増税前の駆け込み需要が四月の増税後なくなるため、下振れのリスクは依然として存在します。

安倍首相のアベノミクスはバーナンキのQEとインフレターゲットをコピーしたものだと言ってよいでしょう。しかし、大きなリスクは、既に述べたように、インフレターゲット型貨幣的膨張という景気回復のための最終兵器を使ったため、もしデフレに再び落ち込んだりしても同じ手は使えないということです。

貨幣の質と「進化する自由」

ケインズは人々に生チーズ（紙幣）が月（金）であると信じ込ませ、生チーズ工場（中央銀行）を国家の管理のもとにおいて好きなだけ生チーズ（紙幣）を生産して国民に供給すればよいと語りました。しかし、人々がいったんは生チーズが月だと信じたとしても、やがて大量にばらまかれた生チーズの粗悪さに気づき、もはやそれを月と信じなくなるかもしれません。もしそうなったら、どうなるとケインズは考えていたのでしょうか。以前よりも悪い不況に突入すると考えていたのでしょうか。

ハイエクは、国家による意図的なインフレーションこそ貨幣の堕落であり、貨幣の品質を劣化させる最大の要因であると考えていました。それを是正するには、貨幣を脱国営化し、貨幣発行を民間銀行・企業に自由に行わせ、量（通貨供給量）ではなく質（価値の安定）をめぐる通貨間競争を導入し、悪貨を駆逐することによって良貨を生き残らせていく他ない、というのがハイエクの『貨幣の脱国営化論』における見解でした。現代のインフレターゲットをめぐる議論は、景気回復のための量的緩和すなわち貨幣の量の視点しかなく、ハイエクが提起した貨幣の質へ着目することはまったくありません。

一九九〇年にバブル経済が崩壊し、その後は「失われた一〇年」から「失われた二〇年」へと長期不況が延々と続き、この数年、リーマンショックや欧州ソブリンショックという世界金融危機を経験してきました。金融商品や金融機関業務の規制緩和・自由化は確かに進みましたが、金融の投機化やカジノ化が加速され、金融不安定性は増大するばかりです。不況が続いているのでインフレーションにはならないものの、為替レートは乱高下し、エネルギーや食料の価格が高騰するなど、ハイエクの言う「良貨」の必要条件である貨幣価値の安定性が得られることはめったにありません。むしろ、野放図な量的緩和によりジャブジャブになった貨幣は債券、株、為替の投機に向かうだけで、設備投資には向かっていません。円にしろ、ドルにしろ、ユーロにしろ、いずれも投資家・投機家にのみ好都合で、働き生活する人々には不都合な「悪貨」になっているのではないでしょうか。

ハイエクによれば、良貨とは貨幣価値が安定する通貨ですが、もはや人々が通貨に求めるのは価値の安定性という質だけではないのかもしれません。貨幣が質において競争するとすれば、人々がどのような質を貨幣に求めているのかこそを競争を通じて次第に発見していくべきなのではないでしょうか。

金融自由化が生み出した金融システム崩壊のシステミックリスクを国家や国家連合が税金を財源とする公的資金で恣意的に救済するというのは、これまで唱えられてきた自由化のロジックとはまったく首尾一貫しない現象です。それがこれだけ繰り返されたことによって、こうした自由化を背後で支える貨幣の国家独占や通貨統合にこそ問題が集約されて表れていることを、多くの人々が認識し始めたのではないでしょうか。

もちろん、中央銀行による発券独占だけが問題ではありません。それに深く関わる金融・財政政策の恣意性、財政赤字拡大に見られる健全性の喪失、さらには、中央銀行のベースマネー供給とそれを基盤とする民間銀行による預金通貨の信用創造という構造を取る国家通貨システムのあり方の総体が問題なのです。こうした諸問題の根源は貨幣の国営化に象徴されます。経済的通貨制度と政治的国家制度の現在の癒着が、バブルの膨張・崩壊、景気循環を伴う不況と失業のような市場経済に固有の問題を生み出したり、深刻化させたりしているのです。

とすると、そうした問題を解決するためには、両者のより望ましい新しい結合とはどういうものかを提示する新しい制度設計が必要になるでしょう。これは、単なる規制緩和・自由化に止まらず、新しい制度を形づくる法・ルール体系の創造へとつながるはずなのです。つまり、「与えられた選択肢から選択する自由」ではなく、「与えられた選択肢にない選択をする自由」すなわち、「進化する自由」が問題となります。その制度設計・政策観は自由と進化を基盤とし、未知の発見や新規さの創発へと開かれた進化的自由主義というべきものです。

どんな貨幣が選ばれ、生き残っていくのか

グローバリゼーションの流れにある現行通貨制度については悲観的にならざるをえない面がある一方で、この一〇年ほど新たな貨幣が群生する動きも目立ってきました。世界各地で盛んに実施されているのは、市民団体・NPO、自治体、商工会議所などが地域経済や地域コミュニティの活性化のために独自の名称の通貨を発行し、特定の地域やコミュニティ内で流通する、先ほど述べたコミュニティ通貨です。また、日本でこの間急速に普及が進んでいるのは、貨幣価値をデジタル情報としてネット上のサーバーやパソコン、ICカード、携帯に保存し、特定の企業グループやインターネットの中で取引決済に利用できる電子マネーです。そして、それ以外にも、「採掘」というユニークなアイディアを導入した仮想暗号通貨ビットコインも挙げられるのです。

ハイエクは、発行機関として主に民間の銀行・企業だけを、良い貨幣の条件として通貨価値の安定性だけを、利用者の目的として経済目的だけを前提としていました。しかし、こうした多様な貨幣ないし疑似貨幣の発行機関の中には、市民団体・NPOなど非営利的団体も含まれています。また、利用目的も利便性やポイント付与などの経済的動機に加え、地域経済や地域コミュニティの活性化など非経済的動機の通貨も含まれています。今

後、貨幣の脱国営化と貨幣の競争を目指す自由貨幣運動が進むとすれば、それは、自由主義や利己性に基づく交換原理だけでなく、利他性や連帯に基づく互酬原理をも含みうる広さを持っているのではないかと考えられます。

現代のグローバリゼーションは、必ずしも単一の世界基軸通貨ドルへの収斂へ向かっていません。むしろ、ドルのユーロや円との競争、元の台頭、そして、電子マネー、地域商品券、コミュニティ通貨、ビットコイン等の暗号通貨といった民間通貨の群生と貨幣の多様化が進み、それらが競争しながら共存を続ける傾向が認められるのです。

したがって、貨幣については今後、QEやアベノミクスのような量における競争を脱し、質における競争に向かうことになると私は予想します。どのような質の貨幣が選ばれ、生き残っていくのか、事前にはわかりません。ただ、多様な貨幣の中にはこれまでは考えられなかった非経済的な利用動機――社会的、文化的、自然的、人間的、エコロジー的――を提供しようとするものが出現し、そのいくつかは生き残るでしょう。

貨幣における「観念の自己実現」という力が、そうした多様な動機を組み込んだ新たな性質の市場を作り上げることになるかどうか、期待しつつ見守ることにしましょう。

主要参考文献

岩井克人『貨幣論』筑摩書房、一九九三年

ウィトゲンシュタイン『論理哲学論考』野矢茂樹訳、岩波文庫、二〇〇三年

エドワード・チャンセラー『バブルの歴史――チューリップ恐慌からインターネット投機へ』山岡洋一訳、日経BP社、二〇〇〇年

芝伸太郎『うつを生きる』ちくま新書、二〇〇二年

ジョセフ・フーバー、ジェームス・ロバートソン『新しい貨幣の創造』石見尚ほか訳、日本経済評論社、二〇〇一年

ジョン・トレイン『金融イソップ物語』坐古義之訳、日本経済新聞社、一九八七年

デフォー『ロビンソン・クルーソー』佐山栄太郎訳、旺文社文庫、一九七八年

西部忠『資本主義はどこへ向かうのか――内部化する市場と自由投資主義』NHKブックス、二〇一一年

西部忠・吉田雅明ほか編『進化経済学 基礎』日本経済評論社、二〇一〇年

Hayek, F. A., *Denationalization of Money: The Argument Refined*, Institute of Economic Affairs, 1976（F・A・ハイエク『貨幣論集〔ハイエク全集Ⅱ－2〕』池田幸弘・西部忠訳、春秋社、二〇一二年）

Hayek, F. A., *New Studies in Philosophy, Politics, Economics and History of Ideas*, University

of Chicago Press, 1978
Hicks, J. R., *A Theory of Economic History*, Oxford: Clarendon, 1969（J・R・ヒックス『経済史の理論』新保博・渡辺文夫訳、講談社学術文庫、一九九五年）
Hicks, J. R., *Economic Perspectives*, Oxford: Clarendom Press, 1976（ジョン・ヒックス『経済学の思考法――貨幣と成長についての再論』貝塚啓明訳、岩波書店、一九八五年）
Keynes, J. M., *The General Theory of Employment, Interest and Money,* London: Macmillan, 1936（ジョン・メイナード・ケインズ『雇用・利子および貨幣の一般理論』塩野谷祐一訳、東洋経済新報社、一九八三年）
Marx, K., *Das Kapital*, Bd. I, II, III: *Marx-Engels Werke*, Bd.23, Dietz Verlarg, 1962（カール・マルクス『資本論』岡崎次郎訳、大月書店、一九七二－七五年）
Marx, K., *Zur Kritik der Politischen Ökonomie*, 1934（カール・マルクス『経済学批判』武田隆夫、遠藤湘吉、大内力訳、岩波文庫、一九五六年）
Robbins, L. C., *Essay on the Nature and Significance of Economic Science*, 1932（ライオネル・ロビンズ『経済学の本質と意義』辻六兵衛訳、東洋経済新報社、一九五七年）
Soros, G., *The New Paradigm for Financial Markets: The Credit Crisis of 2008 and What it Means* , *PublicAffairs*, 2008（ジョージ・ソロス『ソロスは警告する――超バブル崩壊＝悪夢のシナリオ』徳川家広訳、講談社、二〇〇八年）

あとがき

本書のタイトル『貨幣という謎』は「貨幣の謎」つまり「貨幣についての謎」という意味ではありません。哲学者ヴィトゲンシュタインは『論理哲学論考』で「神秘とは、世界がいかにあるかではなく、世界があるということである」（6・44）と述べています。「貨幣という謎」とはまさにこれと同じ意味です。すなわち、貨幣がなぜ金、日銀券、ビットコインという異なる現れ方をするかではなく、貨幣という存在、そしてその存続自体が謎だということです。

これに対する本書の答えは、貨幣は「観念の自己実現」として存在する、というものです。このことは、金、日銀券、ビットコインという貨幣形態の変遷すなわち貨幣の情報化が進むにつれて、より認識しやすくなってきました。また、「観念の自己実現」は流行、ブーム、バブル、経済成長といった経済現象の中に繰り返し現れているのです。

本書のこうした貨幣論は、岩井克人氏の『貨幣論』（筑摩書房、一九九三）における「無限の循環論法としての貨幣形態Z」（同五五頁）や『21世紀の資本主義論』（筑摩書房、二〇〇〇）における「予想の無限の連鎖」（同四〇頁）と類似する主張だと思われるかもしれません。確かに似ている部分もありますが、決して同じではありません。

岩井氏の議論は「無限」と「予想」という概念に基本的に依拠するものであり、また、人間の「合理性」を暗黙的に前提しています。岩井氏の「予想の無限の連鎖」は、「観念の自己実現」の二つのあり方のうち、未来へ向けての「予想の自己実現」に相当するものですから、それは「貨幣という謎」のせいぜい半分を明らかにするにすぎないのです。「観念の自己実現」にはもう一つ、過去からの「慣習の自己実現」がありますが、それが貨幣という存在が安定的に持続する上でより大きな役割を果たすのです。

「慣習の自己実現」では、貨幣の生成にとって不可欠な「他者の模倣」＝「他者が欲しがる物を自分も欲しがるような間接的欲望」という内部ルールの学習の可能性を認めさえすれば、「貨幣という謎」は日常的に説明できるのです。そうすれば、何も岩井氏のように「無限」という形而上学的概念を持ち出して貨幣を神秘化する必要はなくなります。また、岩井氏は、グローバル基軸通貨が唯一神のごとく一つだけ存在する市場経済を想定して、「ドル」のハイパーインフレーションが市場経済の崩壊を帰結すると考えるので、貨幣の多様性や複数の通貨間の競争を理論的に排除することになるのです。それに対して、本書は、ドルや円、ユーロのような国家通貨のみならず、電子マネー、コミュニティ通貨、ビットコインのような暗号通貨が併存し、それらが質をめぐる競争を繰り広げる世界を考えるための理論枠組みを与えます。

このように、本書は、貨幣について、人間の合理性にもとづく無限の予想だけから貨幣をとらえないこと、単一貨幣の世界を想定しないこと、多様な貨幣が共存しながら質をめぐる競争をすることで貨幣が進化することを論じる点で、岩井『貨幣論』と異なるのです。

本書はまた、貨幣が市場の前提条件だと考える点に特徴があります。たとえば、オークション理論や契約理論を専門とするジョン・マクミランの『市場を創る』(NTT出版、二〇〇七)は、ミクロ理論の教科書の中の一般均衡理論よりもずっと現実的な市場像を提供してくれる良書です。ところが、市場の制度設計という視点から財産権、情報財、オークションについて豊富な説明がなされているにもかかわらず、貨幣への言及が一切ないのです。つまり、「貨幣がなければ市場が存在しない」「貨幣が市場を形成する」という本書が強調する視点がまったく欠落しているのです。比較的に優れた市場理解を示す経済学者ですら、貨幣を市場理論の中に適切に位置づけられないでいることがよくわかります。

本書の最終的な課題は、前著『資本主義はどこへ向かうのか』（ＮＨＫブックス、二〇一一年）で問うた資本主義市場経済の行く先を貨幣の未来という視点から改めて考え直すことにあります。現代資本主義では、国家や国家連合が、頻発する金融危機で倒産・破綻しそうな金融機関、大企業、国家を経済秩序維持の観点から救済していますが、中小企業や個人をまったく救済しないのです。また、不況から脱出して経済回復するために、中央銀行がインフレターゲットを設定して貨幣の無制限供給を行っています。こうして、結果の不平等や経済格差が拡大しているだけではなく、機会の不平等やゲームのルール上の不公正も増大しているのです。政府が資本主義の基本原則である自由競争や自己責任を一部のビッグプレーヤーに対してだけ免除するという自己矛盾に陥ることにより、人々の資本主義ゲームへの信頼は低下し、ゲーム参加への同意が次第に得られにくくなりつつあるのではないでしょうか。こうした金融危機、財政危機、通貨危機への対抗策として、世界で疑似通貨、暗号通貨、電子通貨、コミュニティ通貨が群生しているのではないでしょうか。これが資本主義の危機をもたらすのかどうか、今後の動向を注視したいと思います。

一九九〇年代半ば、私は、本書のテーマに近い内容の『経済の森の探検——隠喩としての市場を発見する』という本を書き下ろして出版することになっていました。ところが、諸事情でその話がストップしました。本書で取り上げた、裸の王様、ヤップ島の石貨、ロビンソン・クルーソーの話、電子バザールや株式市場の相場の決まり方、さらに、チューリップバブル、ロー・システム、サウス・シー・バブル・カンパニーなどバブルの歴史の話は、当時の原稿を元にして書き改めたものです。また、「貨幣なければ市場なし」「貨幣が市場を作る」「観念の自己実現としての貨幣」「貨幣を変えれば市場が変わる」といった貨幣に関する一連の基本命題もこの二〇年前の企画が起点となり、のちに私が考えついたものです。本書は、そこに円天やビットコインといった新たな貨幣の動き、QEやアベノミクスといった貨幣の量的緩和、「ウォール街を占拠せよ」運動等の意義を新たに考察した部分を書き加えました。

約二〇年前の『経済の森の探検』では、さまざまな愚問に答えながら経済の森を探る予定でした。「はじめに」の草稿にそうした愚問のリストが掲げられていました。たとえば、「国家は倒産するのか?」「金利はなぜプラスなのか? 金利がマイナスなら、どんな世界になるのか?」「偽札があれほど世間をさわがせるのはなぜか。私的な貨幣とはなにか?」

「金利がゼロ（あるいは一〇〇％）になるとなにが起きるのか？　金利がゼロなどということがあるのか？」等々です。

当時は、これらを荒唐無稽な愚問として考えたはずなのに、二〇年後にタイムカプセルから取り出してみると、なぜかすべてが現在の状況にぴったり当てはまる適問ばかりなのに驚いてしまいます。自分に先見の明があったと言いたいのではありません。当時、これらは起こるはずもないことについての警句的な意味を込めたブラックユーモアのつもりで書いたのに、いま読むとそういう意味合いはすっかり消えています。それは、この二〇年で貨幣をめぐる現実がいかに私たちの想像を超えて劇的に変化してきたかを物語っています。にもかかわらず、私たちはそれに慣れっこになって平然と生きているのです。おそらく、この先も同じようなことが起こると考えた方がいいのでしょう。人が笑うような愚問がたった二〇年後の未来では適問になっているような別世界が来るであろう、と。

最後になりますが、前著に引き続き、今回もＮＨＫ出版の伊藤周一朗氏には編集作業で大変お世話になりました。ここで改めて感謝の意を表します。

二〇一四年四月

西部　忠

西部 忠 にしべ・まこと
1962年、愛知県生まれ。
東京大学大学院経済学研究科博士課程修了。
現在、北海道大学大学院経済学研究科・経済学部教授。
進化経済学会常任理事。専門は、進化経済学、貨幣論、地域通貨。
著書『市場像の系譜学——「経済計算論争」をめぐるヴィジョン』
(東洋経済新報社)、『資本主義はどこへ向かうのか
——内部化する市場と自由投資主義』(NHKブックス)ほか多数、
訳書に『貨幣論集(ハイエク全集 II-2)』(訳・解説、春秋社)など。

NHK出版新書 435

貨幣という謎
金《きん》と日銀券とビットコイン

2014(平成26)年5月10日 第1刷発行

著者 西部 忠 ©2014 Nishibe Makoto
発行者 溝口明秀
発行所 NHK出版
〒150-8081東京都渋谷区宇田川町41-1
電話 (03) 3780-3328 (編集) (0570) 000-321(販売)
http://www.nhk-book.co.jp (ホームページ)
振替 00110-1-49701

ブックデザイン albireo

印刷 亨有堂印刷所・近代美術
製本 二葉製本

Printed in Japan ISBN978-4-14-088435-5 C0233

NHK出版新書好評既刊

おとなの教養
私たちはどこから来て、どこへ行くのか？
池上 彰
教養とは「自分を知ること」。「宗教」「宇宙」「歴史」「経済学」「日本と日本人」…現代人必須の7科目が一気に身につく決定版！
431

知の英断
ジミー・カーターほか
吉成真由美
インタビュー・編
ネルソン・マンデラのもとに集まった「知の長老たち」(ジ・エルダーズ)。彼らが語る、世界と人類の課題とは？ 大ベストセラー『知の逆転』の第2弾！
432

「できる人」という幻想
4つの強迫観念を乗り越える
常見陽平
即戦力、グローバル人材、コミュ力、起業……。若者への言いっぱなしは、もううんざりだ！ 日本社会にはびこる「できる人」という幻想の正体に迫る。
433

ASEANは日本経済をどう変えるのか
西濵 徹
「共同体」設立を前に注目されるASEANは、日本経済を救う鍵になるのか。生産・物流・消費をめぐる大きな変化を気鋭のエコノミストが丁寧に解説する。
434

貨幣という謎
金《きん》と日銀券とビットコイン
西部 忠
仮想通貨は国家通貨を脅かすか？ ハイエク、ケインズなどの論を踏まえながら、お金の不思議さから貨幣の未来像までを論じる、圧倒的貨幣論！
435